人力资源和社会保障
管理实务手册 2024

上海市劳动和社会保障学会 编

上海社会科学院出版社

前　言

《人力资源和社会保障管理实务手册》是上海市劳动和社会保障学会根据广大会员单位及人力资源和社会保障专业人员等的要求每年编撰的一本工具书,由上海市劳动和社会保障学会编撰,上海社会科学院出版社出版,聘请上海唐毅律师事务所唐毅律师为法律顾问。手册具有专业、便捷、实用的特点,问世以来,深得广大人力资源管理同行的喜爱。

本书分为九个部分:

第一部分"劳动管理",聚焦劳动合同、招工备案、工作时间、休息休假、劳动保护、特殊人员就业、非标准劳动关系、境外人员就业,以及经济补偿等规定,并新增了《国有企业管理人员处分条例》。

第二部分"保险福利",聚焦养老、医疗、失业、生育、工伤等社会保险,公积金,以及劳动福利待遇。

第三部分"稳岗促就业政策",汇聚近年来国家和上海市的各项稳岗促就业政策。

第四部分"事业单位人事管理",聚焦招聘、聘用、考核、培训、处分、人事争议等政策规定。

第五部分"工会 集体协商 民主管理",聚焦劳动用工的民主管理。

第六部分"争议处理",对劳动用工相关争议的处理方式和法律责任进行梳理。

第七部分"居住证管理与户口申办",详细介绍了上海市居住证以及常住户口的申办条件、流程和所需材料。

第八部分"相关税收政策",主要介绍了个税的计算方式、纳税申报、专项附加扣除和税收优惠政策,以及企业所得税的税前扣除项中与劳动用工相关的项目。

第九部分"其他",收录欠薪保障等相关政策。

另外,鉴于人社系统现已全面接入12333系统,医保中心接入12393系统,社保缴费可拨打12366纳税缴费服务热线,因而本书取消了原"市、区人力资源和社会保障办事网点"的联系方式。

作为实用工具书,编撰过程中,难免有不完善之处,敬请广大读者提出宝贵意见和建议,在此一并感谢!

上海市劳动和社会保障学会

2024年6月

目 录

第一部分 劳动管理

第一章 劳动用工 ……………………………………（ 1 ）
　一、招工 …………………………………………（ 1 ）
　二、退工 …………………………………………（ 1 ）
　三、登记备案手续涉及的有关事项 ……………（ 2 ）
　四、社会保险登记、变更、缴费、注销 ………（ 3 ）
　五、劳动合同 ……………………………………（ 5 ）
　　（一）订立 ……………………………………（ 5 ）
　　（二）特别条款 ………………………………（ 8 ）
　　（三）解除 ……………………………………（ 9 ）
　　（四）终止 ……………………………………（13）
　六、特殊人员就业 ………………………………（13）

第二章 工作时间 ……………………………………（15）
　一、标准工时 ……………………………………（15）
　二、不定时工作制和综合计算工时工作制 ……（15）
　三、延长工作时间 ………………………………（18）

第三章 休息休假 ……………………………………（19）
　一、法定节假日 …………………………………（19）
　二、年休假 ………………………………………（20）
　三、婚假 …………………………………………（22）
　四、丧假 …………………………………………（22）

五、职工探亲假 …………………………………………（23）
　　六、医疗期标准 …………………………………………（24）
第四章　劳动报酬 ……………………………………………（25）
　　一、最低工资标准 ………………………………………（25）
　　　　附：历年本市最低工资标准 …………………………（25）
　　二、工资的折算 …………………………………………（25）
　　三、加班工资和假期工资 ………………………………（26）
　　四、病休假期工资 ………………………………………（29）
　　　（一）疾病休假工资的计算 ……………………………（29）
　　　（二）疾病休假工资最低标准 …………………………（30）
　　五、高温季节津贴 ………………………………………（30）
第五章　经济补偿 ……………………………………………（31）
　　一、经济补偿的几种情形 ………………………………（31）
　　　　附：《上海市劳动合同条例》规定的经济补偿 ………（33）
　　二、经济补偿计算 ………………………………………（34）
　　三、医疗补助费 …………………………………………（34）
第六章　劳动保护 ……………………………………………（35）
　　一、职业病防治 …………………………………………（35）
　　二、生育及育儿假期 ……………………………………（36）
　　三、节育手术假期和待遇 ………………………………（37）
　　四、女职工权益保障 ……………………………………（38）
第七章　劳务派遣 ……………………………………………（41）
　　一、派遣人员劳动合同 …………………………………（41）
　　二、派遣用工与退回 ……………………………………（42）
　　三、岗位限制 ……………………………………………（44）
　　四、同工同酬 ……………………………………………（45）
　　五、社会保险 ……………………………………………（46）

六、工伤责任 ································ （47）
　　七、其他 ···································· （48）
第八章　非全日制劳动用工 ···························· （49）
　　一、每月工作时间、最低工资标准 ················ （49）
　　　附：历年本市非全日制小时最低工资标准 ········ （49）
　　二、社会保险费缴纳和待遇 ······················ （50）
　　三、公积金缴存 ································ （52）
　　四、工伤待遇 ·································· （52）
第九章　国有企业管理人员处分 ······················ （53）
第十章　境外人员管理 ······························ （61）
　　一、外国人在中国就业管理规定 ·················· （61）
　　二、台、港、澳居民在内地（大陆）就业管理规定 ·· （66）
　　三、在中国境内就业外国人和台、港、澳居民参加社会
　　　　保险 ······································ （67）
　　四、外国人在中国就业办理就业手续 ·············· （70）

第二部分　保险福利

第十一章　社会保险缴费标准 ························ （71）
　　2024年度上海市职工社会保险缴费标准 ············ （71）
　　附：历年社会保险缴费比例汇总表 ················ （72）
第十二章　城镇养老保险 ···························· （73）
　　一、养老保险缴费比例和缴费基数 ················ （73）
　　　附：历年养老保险缴费比例和缴费基数 ·········· （74）
　　二、职工退休条件 ······························ （75）
　　三、职工退职条件 ······························ （76）
　　四、特殊工种人员退休条件 ······················ （77）

— 3 —

五、各类人才柔性延迟办理申领基本养老金 …………（77）
　　六、养老金的计发方法 ………………………………（78）
　　　　附一：基础养老金计算公式 ………………………（79）
　　　　附二：个人账户养老金计发月数表 ………………（80）
　　七、城镇养老保险转移接转办法 ……………………（81）

第十三章　医疗保险 ………………………………………（83）
　　一、医疗保险缴费比例和缴费基数 …………………（83）
　　二、医疗保险个人账户计入标准 ……………………（83）
　　三、门急诊和住院医疗费用 …………………………（84）
　　四、门诊大病和家庭病床医疗费用 …………………（85）
　　五、使用药品的费用支付 ……………………………（85）
　　六、医疗保险综合减负办法 …………………………（86）
　　七、跨省异地购药直接结算试点 ……………………（87）

第十四章　生育保险 ………………………………………（88）
　　一、生育生活津贴 ……………………………………（88）
　　二、生育医疗费补贴及生殖健康 ……………………（90）

第十五章　工伤保险 ………………………………………（91）
　　一、工伤保险缴费比例和缴费基数 …………………（91）
　　二、工伤保险浮动费率计算方法 ……………………（93）
　　三、工伤认定 …………………………………………（95）
　　四、工伤认定申请 ……………………………………（98）
　　五、工伤劳动能力鉴定 ………………………………（101）
　　六、工伤致残待遇 ……………………………………（102）
　　　　附一：工伤致残待遇——由用人单位支付的费用 …（103）
　　　　附二：工伤致残待遇——由工伤保险基金支付的
　　　　　　　费用 ………………………………………（104）
　　七、伤残津贴和生活护理费——由工伤保险基金支付的
　　　　费用 …………………………………………………（106）

八、因工死亡待遇——由工伤保险基金支付的费用 …… (107)
九、因工死亡人员供养亲属抚恤金标准 …………… (107)
十、协保人员工伤待遇 …………………………… (108)
十一、非正规就业劳动组织从业人员工伤待遇 ……… (109)
十二、非城镇户籍外来从业人员工伤待遇 …………… (109)
十三、超过法定退休年龄就业人员和实习生工伤待遇 … (110)
十四、非法用工单位伤亡人员一次性赔偿 …………… (111)

第十六章 失业保险 ……………………………………… (112)
一、失业保险缴费比例和缴费基数 …………………… (112)
二、失业保险金的支付标准 …………………………… (112)
三、失业保险金的计算 ………………………………… (113)
四、失业人员医疗保险 ………………………………… (114)
五、失业妇女生育生活津贴 …………………………… (114)

第十七章 机关事业单位工作人员养老保险 ………… (115)
一、基本养老保险制度 ………………………………… (115)
二、基本养老金计发办法 ……………………………… (115)
三、职业年金 …………………………………………… (116)

第十八章 个人养老金 ………………………………… (118)

第十九章 住房公积金 ………………………………… (120)
一、住房公积金缴存比例和缴存基数 ………………… (120)
　附：2024年度上海市住房公积金月缴存额上下
　　　限表 …………………………………………… (120)
二、补充住房公积金的缴存比例 ……………………… (121)

第二十章 福利待遇 …………………………………… (122)
一、职工福利费 ………………………………………… (122)
二、企业年金 …………………………………………… (124)
三、独生子女费 ………………………………………… (124)

四、职工出境定居离职费 ···（124）
五、企业职工因病或非因工死亡待遇 ·························（126）
六、非因工死亡职工的遗属生活困难补助费标准 ··········（127）

第三部分　稳岗促就业政策

一、就业促进 ···（128）
二、就业援助 ···（130）
三、稳岗促就业补贴 ··（131）
四、职业技能培训补贴 ···（137）
五、简化高校毕业生就业手续 ···································（141）

第四部分　事业单位人事管理

一、招聘和竞聘 ···（142）
二、聘用合同 ···（143）
三、考核和培训 ···（150）
四、处分 ···（154）
五、人事争议处理 ···（156）

第五部分　工会　集体协商　民主管理

第二十一章　工会 ··（157）
　一、工会组织 ··（157）
　二、工会经费及财产 ··（157）
　三、工会工作者活动保障 ··（158）
第二十二章　集体协商与集体合同 ·································（159）
　一、集体协商 ··（159）

二、集体合同 …………………………………………（161）
第二十三章　职工代表大会 ………………………………（163）
　　一、职工代表大会制度 ………………………………（163）
　　二、职工代表 …………………………………………（164）
　　三、违反职代会条例法律责任 ………………………（165）

第六部分　争议处理

第二十四章　劳动用工相关法律责任 ……………………（166）
　　一、招工、退工 ………………………………………（166）
　　二、劳动合同的订立和解除 …………………………（167）
　　三、规章制度 …………………………………………（168）
　　四、延长工作时间 ……………………………………（170）
　　五、劳动报酬、加班费、经济补偿 …………………（170）
　　六、劳动保护 …………………………………………（172）
　　七、竞业限制 …………………………………………（173）
　　八、社会保险 …………………………………………（174）
　　九、劳务派遣 …………………………………………（176）
　　十、外国人在中国就业 ………………………………（178）
　　十一、劳动监察 ………………………………………（179）
　　十二、失信惩戒 ………………………………………（179）
第二十五章　劳动人事争议仲裁 …………………………（181）
　　一、劳动人事争议仲裁管辖 …………………………（181）
　　二、劳动人事争议仲裁的申请和裁决 ………………（183）

第七部分　居住证管理与户口申办

　　一、上海市居住证申办 ………………………………（186）

二、海外人才居住证管理 …………………………………（187）
三、上海市居住证积分管理 ………………………………（189）
四、持居住证人员申办上海市常住户口 …………………（192）
五、留学人员申办上海常住户口 …………………………（193）
六、上海市引进人才申办本市常住户口 …………………（195）

第八部分　相关税收政策

一、个人所得税 ……………………………………………（198）
　（一）个人所得税税率表（综合所得适用）……………（198）
　（二）纳税申报 …………………………………………（198）
　（三）专项附加扣除 ……………………………………（199）
　（四）社会保险费、住房公积金、工伤待遇 …………（203）
　（五）一次性补偿收入 …………………………………（204）
　（六）全年一次性奖金收入 ……………………………（204）
　（七）企业年金和职业年金缴费 ………………………（206）
　（八）个人养老金 ………………………………………（207）
二、企业所得税相关费用扣除标准 ………………………（208）

第九部分　其　　他

一、企业欠薪保障金 ………………………………………（210）
二、农民工欠薪保障 ………………………………………（211）
三、残疾人就业保障金 ……………………………………（214）
四、职工教育培训经费 ……………………………………（216）
五、实习报酬 ………………………………………………（217）
六、其他劳动用工、社会保障相关数据 …………………（217）

第一部分　劳动管理

第一章　劳动用工

一、招工

文　号	标　题	内　容　摘　要	执行时间
上海市人力资源和社会保障局沪人社就〔2021〕340号	关于进一步做好本市用人单位招用劳动者就业登记备案相关工作的通知	◎用人单位招用劳动者，应自招用之日起30日内向本市人力资源社会保障经办机构(以下简称"经办机构")办妥招工登记备案手续。登记信息包括用人单位名称、社会信用证代码、招用员工姓名、公民身份证号码、与职工签订劳动合同的起止时间、用工形式、职业工种等各项内容。 ◎用人单位可通过网上办事渠道办理招工登记备案手续，也可到经办机构线下办理招工登记备案手续。	2021.8.15
中华人民共和国主席令第70号	中华人民共和国就业促进法	用人单位招用人员，不得以是传染病原携带者为由拒绝录用。	2008.1.1 2015.4.24 修正

二、退工

文　号	标　题	内　容　摘　要	执行时间
上海市人力资源和社会保障局沪人社就〔2021〕340号	关于进一步做好本市用人单位招用劳动者就业登记备案相关工作的通知	◎用人单位与劳动者解除或终止劳动关系后，应在15日内向经办机构办妥退工登记备案手续。 ◎用人单位可通过网上办事渠道办理退工登记备案手续，也可到经办机构线下办理退工登记备案手续。	2021.8.15
中华人民共和国主席令第65号	中华人民共和国劳动合同法	用人单位应当在解除或者终止劳动合同时出具解除或者终止劳动合同的证明，并在15日内为劳动者办理档案和社会保险关系转移手续。	2008.1.1 2013.7.1 修正实施

三、登记备案手续涉及的有关事项

文　号	标　题	内　容　摘　要	执行时间
上海市人力资源和社会保障局沪人社就〔2021〕340号	关于进一步做好本市用人单位招用劳动者就业登记备案相关工作的通知	◎办理特殊劳动关系、非全日制劳动关系的招退工登记备案手续应当遵守前述规定。劳务派遣公司派遣的劳动者，由劳务派遣公司负责办理招退工登记备案手续。 ◎对无上级主管部门的用人单位已注销营业执照、被吊销营业执照、迁往外省市或确认业主逃匿的，可由经办机构办理退工登记备案手续。 ◎用人单位无正当理由拒办招退工登记备案手续的，劳动者可向市人力资源社会保障局执法总队或各区人力资源社会保障局执法大队（劳动保障监察机构）投诉，由上述执法部门责令用人单位为其办理招退工登记备案手续。用人单位仍拒绝办理的，劳动者本人可凭责令整改文书（复印件）及本人身份证明到经办机构按规定办理相关登记备案手续。 ◎用人单位办理招工或退工登记备案手续后，应当按国家和本市档案管理的有关规定，负责做好劳动者人事档案的调集、保管、转移等工作。	2021.8.15

注：实务中办理招、退工登记及社保备案应当同时进行。目前全日制劳动关系与非全日制劳动关系均可在"一网通办"中"企业职工就业参保登记"、"退工和停止缴费"板块办理招退工手续，具体流程详见微信公众号"上海发布"中的"便民"栏目：https://mp.weixin.qq.com/s/3pI4EyDRtmZQV7fb3bYUVw。

四、社会保险登记、变更、缴费、注销

文　号	标　题	内　容　摘　要	执行时间
中华人民共和国主席令第25号	中华人民共和国社会保险法（2018修正）	◎ 登记：用人单位应当自用工之日起三十日内为其职工向社会保险经办机构申请办理社会保险登记。未办理社会保险登记的，由社会保险经办机构核定其应当缴纳的社会保险费。 　自愿参加社会保险的无雇工的个体工商户，未在用人单位参加社会保险的非全日制从业人员以及其他灵活就业人员，应当向社会保险经办机构申请办理社会保险登记。 　个人社会保障号码为公民身份证号码。 ◎ 变更与注销 　用人单位的社会保险登记事项发生变更或者用人单位依法终止的，应当自变更或者终止之日起三十日内，到社会保险经办机构办理变更或者注销社会保险登记。	2018.12.29
国家税务总局上海市税务局　上海市财政局　上海市人力资源和社会保障局　中国人民银行上海市分行　上海市医疗保障局公告2023年第2号	关于优化调整社会保险费申报缴纳流程的公告	◎ 用人单位和个人（以下简称缴费人）直接自行向税务部门申报社会保险费缴费： 　（一）用人单位（含企业、机关事业单位、民办非企业单位、社会团体、有雇工的个体工商户等）及职工缴纳的企业职工基本养老保险费、机关事业单位基本养老保险费、职工基本医疗保险费（含生育保险费）、工伤保险费、失业保险费。 　（二）灵活就业人员（含无雇工的个体工商户，未在用人单位参加基本养老保险、职工基本医疗保险的非全日制从业人员及其他灵活就业人员等）缴纳的职工基本养老保险费、职工基本医疗保险费。	2023.12.1

(续表)

文 号	标 题	内 容 摘 要	执行时间
国家税务总局上海市税务局 上海市财政局 上海市人力资源和社会保障局 中国人民银行上海市分行 上海市医疗保障局公告2023年第2号	关于优化调整社会保险费申报缴纳流程的公告	◎ 社会保险费缴费基数和应缴费额继续按照现行计算方式确定。社会保险登记、权益记录、社会保险待遇核定等业务继续由社保(医保)经办机构办理。 ◎ 申报缴费方式及时限 （一）用人单位应当于每月15日前自行向税务部门申报缴纳社会保险费。用人单位按照规定向税务部门申报、调整职工缴费工资。本社保年度内新增或调整职工缴费工资的,应当向税务部门申报。 （二）灵活就业人员每月24日前向税务部门缴纳社会保险费,可选择采用批量扣缴方式或自行缴费方式。税务部门扣款时段为每月11日至15日（如遇法定节假日顺延）,未选择批量扣缴方式或扣款失败的可以在非扣款时段自行缴费。灵活就业人员按照规定向税务部门申报缴费基数,本社保年度内新办理参保登记或调整社保缴费基数的,应当向税务部门申报。 ◎ 申报缴费渠道 （一）用人单位可通过上海市电子税务局、社会保险费管理客户端、办税服务厅等渠道办理缴费工资申报、缴费等业务;也可以通过已开通Tips系统的商业银行进行缴费。 （二）灵活就业人员办理社会保险登记后,可通过上海市电子税务局、随申办、办税服务厅等渠道,向税务部门办理缴费基数申报、缴费等业务,也可以通过支付宝、微信等App和已开通税银子系统的商业银行进行缴费。	2023.12.1

五、劳动合同
（一）订立

文　号	标　题	内　容　摘　要	执行时间
中华人民共和国主席令第65号	中华人民共和国劳动合同法	◎ 用人单位自用工之日起即与劳动者建立劳动关系，未同时订立书面劳动合同的，应当自用工之日起一个月内订立书面劳动合同。 ◎ 劳动合同分为固定期限劳动合同、无固定期限劳动合同和以完成一定工作任务为期限的劳动合同。 ◎ 无固定期限劳动合同订立 　　1. 用人单位与劳动者协商一致，可以订立无固定期限劳动合同。有下列情形之一，劳动者提出或者同意续订、订立劳动合同的，除劳动者提出订立固定期限劳动合同外，应当订立无固定期限劳动合同： 　　（1）劳动者在该用人单位连续工作满10年的； 　　（2）用人单位初次实行劳动合同制度或者国有企业改制重新订立劳动合同时，劳动者在该用人单位连续工作满十年且距法定退休年龄不足十年的； 　　（3）连续订立二次固定期限劳动合同，且劳动者没有本法第三十九条和第四十条第一项、第二项规定的情形，续订劳动合同的。 　　连续订立固定期限劳动合同的次数，自本法施行后续订固定期限劳动合同时开始计算。 　　2. 用人单位自用工之日起满一年不与劳动者订立书面合同的，视为用人单位与劳动者已订立无固定期限劳动合同。 ◎ 劳动合同文本、变更后的劳动合同文本由用人单位和劳动者各执一份。 ◎ 用人单位对已经解除或者终止的劳动合同的文本，至少保存两年备查。	2008.1.1 2013.7.1 修正实施

(续表)

文　号	标　题	内　容　摘　要	执行时间
国务院令第535号	中华人民共和国劳动合同法实施条例	◎ 应当订立书面劳动合同 　　自用工之日起一个月内,经用人单位书面通知后,劳动者不与用人单位订立书面劳动合同的,用人单位应当书面通知劳动者终止劳动关系,无需向劳动者支付经济补偿,但是应当依法向劳动者支付其实际工作时间的劳动报酬。 　　用人单位自用工之日起超过一个月不满一年未与劳动者订立书面劳动合同的,应当依照劳动合同法第八十二条的规定向劳动者每月支付两倍的工资,并与劳动者补订书面劳动合同;劳动者不与用人单位订立书面劳动合同的,用人单位应当书面通知劳动者终止劳动关系,并依照劳动合同法第四十七条的规定支付经济补偿。 　　用人单位自用工之日起满一年未与劳动者订立书面劳动合同的,自用工之日起满一个月的次日至满一年的前一日应当依照劳动合同法第八十二条的规定向劳动者每月支付两倍的工资,并视为自用工之日起满一年的当日已经与劳动者订立无固定期限劳动合同,应当立即与劳动者补订书面劳动合同。	2008.9.18
人力资源社会保障部办公厅人社厅函〔2020〕33号	关于订立电子劳动合同有关问题的函	◎ 用人单位与劳动者协商一致,可以采用电子形式订立书面劳动合同。采用电子形式订立劳动合同,应当使用符合电子签名法等法律法规规定的可视为书面形式的数据电文和可靠的电子签名。用人单位应保证电子劳动合同的生成、传递、储存等满足电子签名法等法律法规规定的要求,确保其完整、准确、不被篡改。符合劳动合同法规定和上述要求的电子劳动合同一经订立即具有法律效力,用人单位与劳动者应当按照电子劳动合同的约定,全面履行各自的义务。	2020.3.4

第一章　劳动用工

(续表)

文　号	标　题	内　容　摘　要	执行时间
人力资源和社会保障部人社厅发[2021]54号	关于发布《电子劳动合同订立指引》的通知	◎ 用人单位与劳动者订立电子劳动合同的,要通过电子劳动合同订立平台订立。 ◎ 电子劳动合同订立平台要通过有效的现代信息技术手段提供劳动合同订立、调取、储存、应用等服务,具备身份认证、电子签名、意愿确认、数据安全防护等能力,确保电子劳动合同信息的订立、生成、传递、储存等符合法律法规规定,满足真实、完整、准确、不可篡改和可追溯等要求。 ◎ 电子劳动合同经用人单位和劳动者签署可靠的电子签名后生效,并应附带可信时间戳。 ◎ 双方同意订立电子劳动合同的,用人单位要在订立电子劳动合同前,明确告知劳动者订立电子劳动合同的流程、操作方法、注意事项和查看、下载完整的劳动合同文本的途径,确保劳动者可以使用常用设备随时查看、下载、打印电子劳动合同的完整内容,并不得向劳动者收取费用。 ◎ 用人单位要提示劳动者及时下载和保存电子劳动合同文本,告知劳动者查看、下载电子劳动合同的方法,并提供必要的指导和帮助。 ◎ 劳动者需要电子劳动合同纸质文本的,用人单位要至少免费提供一份,并通过盖章等方式证明与数据电文原件一致。 ◎ 电子劳动合同的储存期限与纸质劳动合同一致。	2021.7.1

(二)特别条款

文　号	标　题	内　容　摘　要	执行时间
中华人民共和国主席令第65号	中华人民共和国劳动合同法	◎ 试用期 　　1. 时限:劳动合同期限三个月以上不满一年的,试用期不得超过一个月;劳动合同期限一年以上不满三年的,试用期不得超过两个月;三年以上固定期限和无固定期限的劳动合同,试用期不得超过六个月。 　　2. 次数:同一用人单位与同一劳动者只能约定一次试用期。 　　非全日制劳动合同、以完成一定工作任务为期限的劳动合同或者劳动合同期限不满三个月的,不得约定试用期。 　　3. 工资:劳动者在试用期的工资不得低于本单位相同岗位最低档工资或者劳动合同约定工资的80%,并不得低于用人单位所在地的最低工资标准。 ◎ 服务期 　　用人单位为劳动者提供专项培训费用,对其进行专业技术培训,可以与该劳动者订立协议,约定服务期。 　　劳动者违反服务期约定的,应当按照约定向用人单位支付违约金。违约金的数额不得超过用人单位提供的培训费用。用人单位要求劳动者支付的违约金不得超过服务期尚未履行部分所应分摊的培训费用。 　　用人单位与劳动者约定服务期的,不影响按照正常的工资调整机制提高劳动者在服务期期间的劳动报酬。	2008.1.1 2013.7.1 修正实施
国务院令第535号	中华人民共和国劳动合同法实施条例	◎ 服务期 　　劳动合同法第二十二条第二款规定的培训费用,包括用人单位为了对劳动者进行专业技术培训而支付的有凭证的培训费用、培训期间的差旅费用以及因培训产生的用于该劳动者的其他直接费用。 　　劳动合同期满,但是用人单位与劳动者约定的服务期尚未到期的,劳动合同应当续延至服务期满;双方另有约定的,从其约定。	2008.9.18

(续表)

文 号	标 题	内 容 摘 要	执行时间
中华人民共和国主席令第58号	中华人民共和国妇女权益保障法	◎ 女职工保护 用人单位在录(聘)用女职工时,应当依法与其签订劳动(聘用)合同或者服务协议,劳动(聘用)合同或者服务协议中应当具备女职工特殊保护条款,并不得规定限制女职工结婚、生育等内容。	1992.4.3 2023.1.1 第三次修正实施

(三) 解除

文 号	标 题	内 容 摘 要	执行时间
中华人民共和国主席令第65号	中华人民共和国劳动合同法	◎ 用人单位以暴力、威胁或者非法限制人身自由的手段强迫劳动者劳动的,或者用人单位违章指挥、强令冒险作业危及劳动者人身安全的,劳动者可以立即解除劳动合同,不需事先告知用人单位。 ◎ 有下列情形之一的,用人单位提前三十日以书面形式通知劳动者本人或者额外支付劳动者一个月工资后,可以解除劳动合同: (一)劳动者患病或者非因工负伤,在规定的医疗期满后不能从事原工作,也不能从事由用人单位另行安排的工作的; (二)劳动者不能胜任工作,经过培训或者调整工作岗位,仍不能胜任工作的; (三)劳动合同订立时所依据的客观情况发生重大变化,致使劳动合同无法履行,经用人单位与劳动者协商,未能就变更劳动合同内容达成协议的。 ◎ 有下列情形之一,需要裁减人员二十人以上或者裁减不足二十人但占企业职工总数百分之十以上的,用人单位提前三十日向工会或者全体职工说明情况,听取工会或者职工的意见后,裁减人员方案经向劳动行政部门报告,可以裁减人员: (一)依照企业破产法规定进行重整的; (二)生产经营发生严重困难的; (三)企业转产、重大技术革新或者经营方式调整,经变更劳动合同后,仍需裁减人员的;	2008.1.1 2013.7.1 修正实施

(续表)

文号	标题	内容摘要	执行时间
中华人民共和国主席令第65号	中华人民共和国劳动合同法	（四）其他因劳动合同订立时所依据的客观经济情况发生重大变化，致使劳动合同无法履行的。 裁减人员时，应当优先留用下列人员： （一）与本单位订立较长期限的固定期限劳动合同的； （二）与本单位订立无固定期限劳动合同的； （三）家庭无其他就业人员，有需要扶养的老人或者未成年人的。 用人单位依照本条第一款规定裁减人员，在六个月内重新招用人员的，应当通知被裁减的人员，并在同等条件下优先招用被裁减的人员。 ◎ 劳动者有下列情形之一的，用人单位不得依照本法第四十条、第四十一条的规定解除劳动合同： （一）从事接触职业病危害作业的劳动者未进行离岗前职业健康检查，或者疑似职业病病人在诊断或者医学观察期间的； （二）在本单位患职业病或者因工负伤并被确认丧失或者部分丧失劳动能力的； （三）患病或者非因工负伤，在规定的医疗期内的； （四）女职工在孕期、产期、哺乳期的； （五）在本单位连续工作满十五年，且距法定退休年龄不足五年的； （六）法律、行政法规规定的其他情形。	2008.1.1 2013.7.1 修正实施
国务院令第535号	中华人民共和国劳动合同法实施条例	◎ 有下列情形之一的，依照劳动合同法规定的条件、程序，劳动者可以与用人单位解除固定期限劳动合同、无固定期限劳动合同或者以完成一定工作任务为期限的劳动合同： （一）劳动者与用人单位协商一致的；	2008.09.18

(续表)

文号	标题	内容摘要	执行时间
国务院令第535号	中华人民共和国劳动合同法实施条例	（二）劳动者提前30日以书面形式通知用人单位的； （三）劳动者在试用期内提前3日通知用人单位的； （四）用人单位未按照劳动合同约定提供劳动保护或者劳动条件的； （五）用人单位未及时足额支付劳动报酬的； （六）用人单位未依法为劳动者缴纳社会保险费的； （七）用人单位的规章制度违反法律、法规的规定，损害劳动者权益的； （八）用人单位以欺诈、胁迫的手段或者乘人之危，使劳动者在违背真实意思的情况下订立或者变更劳动合同的； （九）用人单位在劳动合同中免除自己的法定责任、排除劳动者权利的； （十）用人单位违反法律、行政法规强制性规定的； （十一）用人单位以暴力、威胁或者非法限制人身自由的手段强迫劳动者劳动的； （十二）用人单位违章指挥、强令冒险作业危及劳动者人身安全的； （十三）法律、行政法规规定劳动者可以解除劳动合同的其他情形。 ◎ 有下列情形之一的，依照劳动合同法规定的条件、程序，用人单位可以与劳动者解除固定期限劳动合同、无固定期限劳动合同或者以完成一定工作任务为期限的劳动合同： （一）用人单位与劳动者协商一致的； （二）劳动者在试用期间被证明不符合录用条件的；	2008.9.18

(续表)

文　号	标　题	内　容　摘　要	执行时间
国务院令第535号	中华人民共和国劳动合同法实施条例	（三）劳动者严重违反用人单位的规章制度的； （四）劳动者严重失职，营私舞弊，给用人单位造成重大损害的； （五）劳动者同时与其他用人单位建立劳动关系，对完成本单位的工作任务造成严重影响，或者经用人单位提出，拒不改正的； （六）劳动者以欺诈、胁迫的手段或者乘人之危，使用人单位在违背真实意思的情况下订立或者变更劳动合同的； （七）劳动者被依法追究刑事责任的； （八）劳动者患病或者非因工负伤，在规定的医疗期满后不能从事原工作，也不能从事由用人单位另行安排的工作的； （九）劳动者不能胜任工作，经过培训或者调整工作岗位，仍不能胜任工作的； （十）劳动合同订立时所依据的客观情况发生重大变化，致使劳动合同无法履行，经用人单位与劳动者协商，未能就变更劳动合同内容达成协议的； （十一）用人单位依照企业破产法规定进行重整的； （十二）用人单位生产经营发生严重困难的； （十三）企业转产、重大技术革新或者经营方式调整，经变更劳动合同后，仍需裁减人员的； （十四）其他因劳动合同订立时所依据的客观经济情况发生重大变化，致使劳动合同无法履行的。	2008.9.18

（四）终止

文号	标题	内容摘要	执行时间
中华人民共和国主席令第65号	中华人民共和国劳动合同法	◎ 有下列情形之一的,劳动合同终止： （一）劳动合同期满的； （二）劳动者开始依法享受基本养老保险待遇的； （三）劳动者死亡,或者被人民法院宣告死亡或者宣告失踪的； （四）用人单位被依法宣告破产的； （五）用人单位被吊销营业执照、责令关闭、撤销或者用人单位决定提前解散的； （六）法律、行政法规规定的其他情形。	2008.1.1 2013.7.1 修正实施
国务院令第535号	中华人民共和国劳动合同法实施条例	劳动者达到法定退休年龄的,劳动合同终止。	2008.9.18

六、特殊人员就业

文号	标题	内容摘要	执行时间
国务院国发[2015]24号	国务院关于大力发展电子商务加快培育经济新动力的意见	◎ 未进行工商登记注册的,也可参照劳动合同法相关规定与劳动者签订民事协议,明确双方的权利、责任和义务,可按灵活就业人员参保缴费办法参加社会保险。 ◎ 符合条件的就业困难人员和高校毕业生,可享受灵活就业人员社会保险补贴政策。 ◎ 长期雇用5人及以上的网络商户,可在工商注册地进行社会保险登记,参加企业职工的各项社会保险。	2015.5.4

(续表)

文　号	标　题	内　容　摘　要	执行时间
劳动部劳部发[1995]309号	关于贯彻执行《中华人民共和国劳动法》若干问题的意见	在校生利用业余时间勤工助学,不视为就业,未建立劳动关系,可以不签订劳动合同。	1995.8.4
上海市劳动和社会保障局沪劳保关发[2003]24号	关于特殊劳动关系有关问题的通知	◎ 特殊劳动关系是现行劳动法律调整的标准劳动关系和民事法律调整的民事劳务关系以外的一种用工关系,其劳动者一方在用人单位从事有偿劳动、接受管理,但与另一用人单位存有劳动合同关系或不符合劳动法律规定的主体条件。 ◎ 用人单位使用下列人员之一的形成特殊劳动关系: (1) 协议保留社会保险关系人员; (2) 企业内部退养人员; (3) 停薪留职人员; (4) 专业劳务公司输出人员; (5) 退休人员; (6) 未经批准使用的外来从业人员; (7) 符合前条规定的其他人员。 ◎ 用人单位与劳动者形成特殊劳动关系,应当参照执行以下劳动标准: (1) 工作时间规定; (2) 劳动保护规定; (3) 最低工资规定。	2003.4.25 ～ 2026.8.15
最高人民法院法释[2020]26号	关于审理劳动争议案件适用法律问题的解释(一)	◎ 企业停薪留职人员、未达到法定退休年龄的内退人员、下岗待岗人员以及企业经营性停产放长假人员,因与新的用人单位发生用工争议而提起诉讼的,人民法院应当按劳动关系处理。 ◎ 用人单位与其招用的已经依法享受养老保险待遇或领取退休金的人员发生用工争议而提起诉讼的,人民法院应当按劳务关系处理。	2021.1.1

第二章 工作时间

一、标准工时

文　号	标　题	内　容　摘　要	执行时间
国务院令第174号	国务院关于职工工作时间的规定	职工每日工作8小时，每周工作40小时。因工作性质或生产特点的限制，不能实行标准工时制度的，按照国家有关规定，可以实行其他工作和休息办法。	1995.5.1
中华人民共和国主席令第28号	中华人民共和国劳动法	用人单位应当保证劳动者每周至少休息一日。	1995.1.1 2018.12.29 第二次修订
劳动和社会保障部劳社部发[2008]3号	关于职工全年月平均工作时间和工资折算问题的通知	◎ 年工作日： 365天－104天（休息日）－11天（法定节假日）＝250天 ◎ 季工作日： 250天÷4季＝62.5天/季 ◎ 月工作日： 250天÷12月＝20.83天/月 ◎ 工作小时数的计算： 以月、季、年的工作日乘以每日的8小时。	2008.1.3

二、不定时工作制和综合计算工时工作制

文　号	标　题	内　容　摘　要	执行时间
上海市人民政府沪人社规[2022]11号	关于本市实行不定时工作制和综合计算工时工作制的行政许可办法	◎ 不定时工作制是指用人单位因生产经营特点、工作情况特殊或岗位性质的关系，需要机动作业无法实行标准工时制度，而采用不确定工作时间的工时制度。 　　用人单位对符合下列条件之一的岗位，可以申请实行不定时工作制： 　　（一）高级管理、外勤、推销、部分值班和其他因工作无法按标准工作时间衡量的岗位；	2022.5.1 ～ 2027.4.30

(续表)

文 号	标 题	内 容 摘 要	执行时间
上海市人民政府沪人社规[2022]11号	关于本市实行不定时工作制和综合计算工时工作制的行政许可办法	（二）长途运输、出租车驾驶、值班驾驶、消防化救和铁路、港口、仓库的部分装卸以及因工作性质特殊需机动作业或由劳动者自行安排工作时间的岗位； （三）其他适合实行不定时工作制的岗位。 ◎综合计算工时工作制是指用人单位因工作情况特殊或受季节和自然条件限制，需安排劳动者集中作业无法实行标准工时制度，而采用综合计算工作时间的工时制度。 用人单位对符合下列条件之一的岗位，可以申请实行以周、月、季、年等为周期综合计算工作时间的工时制度，其平均日工作时间和平均周工作时间应与法定标准工作时间基本相同，超出部分视为延长工作时间： （一）交通、铁路、邮电、水运、航空、渔业等行业中因工作性质特殊需集中作业、集中休息的岗位； （二）地质及资源勘探、建筑、制盐、制糖、旅游等受自然条件限制需集中作业、集中休息的岗位； （三）瓜果蔬菜种植、食品加工、服装生产等受季节条件限制、淡旺季明显，需集中作业、集中休息的岗位； （四）其他适合实行综合计算工时工作制的岗位。 ◎申请： 1.受理部门：用人单位登记注册地的区人力资源社会保障行政部门。 2.流程：用人单位申请前，应当通过与工会组织沟通协商、职工(代表)大会或集体协商等民主形式，充分听取工会组织和职工代表的意见，然后向区人力资源社会保障行政部门提交以下申请材料：	2022.5.1 ～ 2027.4.30

(续表)

文号	标题	内容摘要	执行时间
上海市人民政府沪人社规〔2022〕11号	关于本市实行不定时工作制和综合计算工时工作制的行政许可办法	（一）申请表； （二）用人单位实行不定时工作制和综合计算工时工作制的工作安排和休息计划； （三）职工(代表)大会或工会意见等； （四）申请综合计算工时工作制考勤汇总表。 区人力资源社会保障行政部门根据需要可以要求用人单位提供实行不定时工作制和综合计算工时工作制的员工名册、原始考勤记录等其他材料。 用人单位可以通过市政府"一网通办"工时审批系统、区人力资源社会保障行政部门受理窗口或者邮寄信函等方式提交申请材料。 登记注册在中国(上海)自由贸易试验区(保税区域)的用人单位，应当向中国(上海)自由贸易试验区管理委员会保税区管理局申请，其行政许可管理按本办法执行。 中央直属企业按国家有关规定执行。 ◎公示：用人单位应当将行政许可决定在用人单位内公示，其内容应当告知公示结束后新入职的劳动者。 ◎期限：区人力资源社会保障行政部门可以依据用人单位的申请设定有效期，但最长不超过2年。对于和谐劳动关系达标企业，可以准予2年的行政许可有效期。期满后需继续实行的，用人单位应当在有效期届满30日前按照本办法规定重新提出申请。 ◎劳务派遣：用工单位需要在实行不定时工作制和综合计算工时工作制的岗位上使用被派遣劳动者的，应当与劳务派	2022.5.1 ～ 2027.4.30

（续表）

文　号	标　题	内　容　摘　要	执行时间
上海市人民政府沪人社规［2022］11号	关于本市实行不定时工作制和综合计算工时工作制的行政许可办法	遣单位在劳务派遣协议中明确实行不定时工作制和综合计算工时工作制的岗位、人数、期限和劳动报酬等内容。劳务派遣单位应当将劳务派遣协议的相关内容告知被派遣劳动者。 　　劳务派遣单位不得为被派遣劳动者申请实行不定时工作制和综合计算工时工作制。 ◎ 用人单位发生合并、分立等情况后，如需实行不定时工作制和综合计算工时工作制，应当由新成立的用人单位按照本办法规定重新提出申请。	2022.5.1 ～ 2027.4.30

三、延长工作时间

文　号	标　题	内　容　摘　要	执行时间
中华人民共和国主席令第28号	中华人民共和国劳动法	用人单位由于生产经营需要，经与工会和劳动者协商后可延长工作时间，一般每日不得超过1小时；因特殊原因需要延长工作时间的，在保障劳动者身体健康的条件下延长工作时间每日不得超过3小时，但是每月不得超过36小时。	1995.1.1 2009.8.27 修正 2018.12.29 第二次修正

第三章　休息休假

一、法定节假日

文号	标题	内容摘要	执行时间
国务院令第644号	国务院关于修改《全国年节及纪念日放假办法》的决定	◎ 全体公民放假的节日： 新年，放假1天（1月1日）； 春节，放假3天（农历正月初一、初二、初三）； 清明节，放假1天（农历清明当日）； 劳动节，放假1天（5月1日）； 端午节，放假1天（农历端午当日）； 中秋节，放假1天（农历中秋当日）； 国庆节，放假3天（10月1日、2日、3日）。 ◎ 部分公民放假的节日及纪念日： 妇女节（3月8日），妇女放假半天； 青年节（5月4日），14周岁以上的青年放假半天； 儿童节（6月1日），不满14周岁的少年儿童放假1天； 中国人民解放军建军纪念日（8月1日），现役军人放假半天。 ◎ 少数民族习惯的节日： 由各少数民族聚居地区的地方人民政府，按照该民族习惯，规定放假日期。 ◎ 二七纪念日、五卅纪念日、七七抗战纪念日、九三抗战胜利纪念日、九一八纪念日、教师节、护士节、记者节、植树节等其他节日、纪念日，均不放假。 ◎ 全体公民放假的假日，如果适逢星期六、星期日，应当在工作日补假。部分公民放假的假日，如果适逢星期六、星期日，则不补假。	2014.1.1

二、年休假

文　号	标　题	内　容　摘　要	执行时间
国务院令第514号	职工带薪年休假条例	◎ 机关、团体、企业、事业单位、民办非企业单位、有雇工的个体工商户等单位的职工连续工作1年以上的,享受带薪年休假(以下简称年休假)。单位应当保证职工享受年休假。职工在年休假期间享受与正常工作期间相同的工资收入。 ◎ 职工累计工作已满1年不满10年的,年休假5天;已满10年不满20年的,年休假10天;已满20年的,年休假15天。 ◎ 职工不享受当年年休假的情况: 　1. 职工依法享受寒暑假,其休假天数多于年休假天数的; 　2. 职工请事假累计20天以上且单位按照规定不扣工资的; 　3. 累计工作满1年不满10年的职工,请病假累计2个月以上的; 　4. 累计工作满10年不满20年的职工,请病假累计3个月以上的; 　5. 累计工作满20年以上的职工,请病假累计4个月以上的。 ◎ 年休假在1个年度内可以集中安排,也可以分段安排,一般不跨年度安排。单位因生产、工作特点确有必要跨年度安排职工年休假的,可以跨1个年度安排。 　单位确因工作需要不能安排职工休年休假的,经职工本人同意,可以不安排职工休年休假。对职工应休未休的年休假天数,单位应当按照该职工日工资收入的300%支付年休假工资报酬。	2008.1.1

(续表)

文号	标题	内容摘要	执行时间
人力资源和社会保障部令第1号	企业职工带薪年休假实施办法	◎ 职工新进用人单位符合享受年休假规定的,当年度年休假天数,按照在本单位剩余日历天数折算确定,折算后不足1整天的部分不享受年休假。 　　折算方法为:(当年度在本单位剩余日历天数÷365天)×职工本人全年应当享受的年休假天数。 ◎ 计算未休年休假工资报酬的日工资收入按照职工本人的月工资除以月计薪天数(21.75天)进行折算。 ◎ 月工资是指职工在用人单位支付其未休年休假工资报酬前12个月剔除加班工资后的月平均工资。在本用人单位工作时间不满12个月的,按实际月份计算月平均工资。 ◎ 用人单位与职工解除或者终止劳动合同时,当年度未安排职工休满应休年休假的,应当按照职工当年已工作时间折算应休未休年休假天数并支付未休年休假工资报酬,但折算后不足1整天的部分不支付未休年休假工资报酬。 　　折算方法为:(当年度在本单位已过日历天数÷365天)×职工本人全年应当享受的年休假天数-当年度已安排年休假天数。 ◎ 用人单位当年已安排职工年休假的,多于折算应休年休假的天数不再扣回。	2008.9.18
人力资源和社会保障部办公厅人社厅函[2009]149号	关于《企业职工带薪年休假实施办法》有关问题的复函	◎《企业职工带薪年休假实施办法》第三条中的"职工连续工作满12个月以上",既包括职工在同一用人单位连续工作满12个月以上的情形,也包括职工在不同用人单位连续工作满12个月以上的情形。 ◎《企业职工带薪年休假实施办法》第四条中的"累计工作时间",包括职工在机关、团体、企业、事业单位、民办非企业单位、有雇工的个体工商户等单位从事全日制工作期间,以及依法服兵役和其他按照国家法律、行政法规和国务院规定可以计算为工龄的期间(视同工作期间)。职工的累计工作时间可以根据档案记载、单位缴纳社保费记录、劳动合同或者其他具有法律效力的证明材料确定。	2009.4.15

三、婚假

文　号	标　题	内　容　摘　要	执行时间
中华人民共和国主席令第 45 号	中华人民共和国民法典	结婚年龄,男不得早于二十二周岁,女不得早于二十周岁。	2021.1.1
国家劳动总局[80]劳总薪字 29 号	关于国营企业职工请婚丧假和路程假问题的通知	职工本人结婚,酌情给予一到三天婚假。	1980.2.20
上海市人民代表大会常务委员会公告第 33 号	上海市人口与计划生育条例	◎ 符合法律规定结婚的公民,除享受国家规定的婚假外,增加婚假 7 天。	2004.4.15 2021.11.25 第三次修正
上海市人民政府沪府规[2022]18 号	关于印发修订后的《上海市计划生育奖励与补助若干规定》的通知	◎ 增加的婚假一般应当与婚假合并连续使用,享受婚假同等待遇。 ◎ 增加的婚假遇法定节假日顺延。	2022.11.1

四、丧假

文　号	标　题	内　容　摘　要	执行时间
国家劳动总局[80]劳总薪字 29 号	关于国营企业职工请婚丧假和路程假问题的通知	职工的直系亲属(父母、配偶和子女)死亡时,由本单位行政领导批准,酌情给予一到三天的丧假。	1980.2.20
上海市劳动局沪劳劳发[87]130 号	关于职工的岳父母或公婆等亲属死亡后可给予请丧假问题的通知	职工的岳父母或公婆死亡后,需要职工料理丧事的,由本单位行政领导批准,可给予一至三天的丧假。	1987.10.15 ～ 2026.8.15

五、职工探亲假

对象项目	探望配偶				探望父母（包括自幼抚养职工长大的亲属）	
					未婚职工	已婚职工
条件	工作满一年，与配偶不住在一起又不能利用公休假日在家居住的				与父母都不住在一起，又不能在公休假日团聚的	同左
假期（路程假按实际需要另加）	每年一次30天（个别职工因往返时间长自愿二年一次的为60天）				每年一次20天（自愿二年一次的为45天）	每四年一次20天
路费报销	火车	硬座	长途汽车以及市内交通费（不包括出租车辆）	中转住宿每次	同左	往返路费在本人月工资30%以内
		50周岁以上，火车48小时以上报硬卧				超过30%部分
	轮船		凭据报销		同左	自理
			四等舱位	一天		
中华人民共和国主席令第72号	老年人权益保障法				与老年人分开居住的家庭成员，应当经常看望或者问候老年人。用人单位应当按照国家有关规定保障赡养人探亲休假的权利。	2013.7.1执行 2018.12.29 第四次修正

六、医疗期标准

文号	标题	内容摘要	执行时间
上海市人民政府沪府发[2015]40号	上海市人民政府印发修订后的《关于本市劳动者在履行劳动合同期间患病或者非因工负伤的医疗期标准的规定》的通知	◎ 医疗期是指劳动者患病或者非因工负伤停止工作治病休息,用人单位不得因此解除劳动合同的期限。 ◎ 医疗期按劳动者在本用人单位的工作年限设置。劳动者在本单位工作第1年,医疗期为3个月;以后工作每满1年,医疗期增加1个月,但不超过24个月。 ◎ 劳动者经劳动能力鉴定委员会鉴定为完全丧失劳动能力但不符合退休、退职条件的,应当延长医疗期。延长的医疗期由用人单位与劳动者具体约定,但约定延长的医疗期与前条规定的医疗期合计不得低于24个月。 ◎ 下列情形中关于医疗期的约定长于上述规定的,从其约定: 　1. 集体合同对医疗期有特别约定的; 　2. 劳动合同对医疗期有特别约定的; 　3. 用人单位内部规章制度对医疗期有特别规定的。 ◎ 劳动者在本单位工作期间累计病休时间超过按规定享受的医疗期,用人单位可以依法与其解除劳动合同。 ◎ 本规定施行前已经履行的劳动合同,其医疗期按照当时本市的相关规定执行。	2015.5.1 ～ 2025.6.30

注:按沪府规[2020]13号,沪府发[2015]40号的有效期延长至2025年6月30日。

第四章 劳动报酬

一、最低工资标准

文　号	标　题	内　容　摘　要	执行时间
上海市人力资源和社会保障局沪人社规〔2023〕19号	关于调整本市最低工资标准的通知	◎ 月最低工资标准从2 590元调整到2 690元。 ◎ 下列项目不作为月最低工资的组成部分： 　1. 延长工作时间的工资。 　2. 中夜班津贴、夏季高温津贴及有毒有害等特殊工作环境下的岗位津贴。 　3. 伙食补贴、上下班交通费补贴、住房补贴。 　4. 个人依法缴纳的社会保险费和住房公积金。	2023.7.1

附：历年本市最低工资标准　　　　　　　　　　　　　　　单位：元

年　份	2015	2016	2017	2018	2019
最低工资	2 020	2 190	2 300	2 420	2 480
年　份	2020	2021	2022	2023	2024
最低工资	2 480	2 590	2 590	2 690	2 690

二、工资的折算

文　号	标　题	内　容　摘　要	执行时间
劳动和社会保障部劳社部发〔2008〕3号	关于职工全年月平均工作时间和工资折算问题的通知	日工资、小时工资的折算： 日工资：月工资收入÷月计薪天数 小时工资：月工资收入÷（月计薪天数×8小时） 月计薪天数=(365天－104天)÷12月 　　　　　=21.75天	2008.1.3

(续表)

文号	标题	内容摘要	执行时间
上海市劳动和社会保障局沪劳保综发〔2008〕3号	关于转发劳动和社会保障部《关于职工全年月平均工作时间和工资折算问题的通知》的通知	凡涉及日工资、小时工资折算的相关事宜，均按此规定执行。	2008.1.15

三、加班工资和假期工资

文号	标题	内容摘要	执行时间
上海市人力资源和社会保障局沪人社综发〔2016〕29号	关于印发《上海市企业工资支付办法》的通知	◎ 加班工资和假期工资的计算基数为劳动者所在岗位相对应的正常出勤月工资，不包括年终奖，上下班交通补贴、工作餐补贴、住房补贴，中夜班津贴、夏季高温津贴、加班工资等特殊情况下支付的工资。 ◎ 加班工资和假期工资的计算基数按以下原则确定： （一）劳动合同对劳动者月工资有明确约定的，按劳动合同约定的劳动者所在岗位相对应的月工资确定；实际履行与劳动合同约定不一致的，按实际履行的劳动者所在岗位相对应的月工资确定。 （二）劳动合同对劳动者月工资未明确约定，集体合同（工资专项集体合同）对岗位相对应的月工资有约定的，按集体合同（工资专项集体合同）约定的与劳动者岗位相对应的月工资确定。 （三）劳动合同、集体合同（工资专项集体合同）对劳动者月工资均无约定的，按劳动者正常出勤月依照本办法第二条规定的工资（不包括加班工资）的70%确定。	2016.8.1 ~ 2026.8.15

(续表)

文号	标题	内容摘要	执行时间
上海市人力资源和社会保障局沪人社综发〔2016〕29号	关于印发《上海市企业工资支付办法》的通知	◎ 加班工资和假期工资的计算基数不得低于本市规定的最低工资标准。法律、法规另有规定的，从其规定。 ◎ 企业根据实际需要安排劳动者在法定标准工作时间以外工作的，应以本办法第九条确定的计算基数，按以下标准支付加班工资： （一）安排劳动者在日法定标准工作时间以外延长工作时间的，按照不低于劳动者本人小时工资的150％支付； （二）安排劳动者在休息日工作，而又不能安排补休的，按照不低于劳动者本人日或小时工资的200％支付； （三）安排劳动者在法定休假节日工作的，按照不低于劳动者本人日或小时工资的300％支付。 ◎ 企业依法安排实行计件工资制的劳动者完成计件定额任务后，在法定标准工作时间以外工作的，应当根据以上原则相应调整计件单价。计件定额应通过一定的民主管理程序合理制定。 ◎ 经人力资源社会保障行政部门批准实行综合计算工时工作制的企业，劳动者综合计算工作时间超过法定标准工作时间的，应当视为延长工作时间，并按本条第（一）项的规定支付劳动者延长工作时间的加班工资；企业在法定休假节日安排劳动者工作的，按本条第（三）项的规定支付加班工资。 ◎ 经人力资源社会保障行政部门批准实行不定时工时制的劳动者，在法定休假节日由企业安排工作的，按本条第（三）项的规定支付加班工资。 ◎ 在妇女节、青年节等部分公民休假的节日期间，对参加社会或企业组织的庆祝活动和照常工作的劳动者，企业应支付工资，但不支付加班工资。如果该节日恰逢休息日，企业安排劳动者工作的，应当按本条第（二）项的规定支付加班工资。	2016.8.1 ～ 2026.8.15

(续表)

文　号	标　题	内　容　摘　要	执行时间
上海市高级人民法院民一庭调研指导〔2010〕34号	劳动争议案件若干问题的解答	◎ 关于加班工资计算基数如何确定的问题 （1）用人单位与劳动者对月工资有约定的,加班工资基数应按双方约定的正常工作时间的月工资来确定；如双方对月工资没有约定或约定不明的,应按《劳动合同法》第18条规定来确定正常工作时间的月工资,并以确定的工资数额作为加班工资的计算基数。 （2）如按《劳动合同法》第18条规定仍无法确定正常工作时间工资数额的,对加班工资的基数,可按照劳动者实际获得的月收入扣除非常规性奖金、福利性、风险性等项目后的正常工作时间的月工资确定。 （3）如工资系打包支付,双方形式上约定的"正常工作时间工资"标准明显不合常理,或有证据可以证明用人单位恶意将本应计入正常工作时间工资的项目归入非常规性奖金、福利性、风险性等项目中,以达到减少正常工作时间工资数额计算目的的,可参考实际收入×70%的标准进行适当调整。 （4）按上述原则确定的加班工资基数均不得低于本市月最低工资标准。	2010.11.23

第四章 劳动报酬

四、病休假工资

（一）疾病休假工资的计算

文号	标题	疾病休假工资（连续休假六个月以内）					疾病救济费（连续休假六个月以上）			执行时间
		连续工龄	不满二年	满二年不满四年	满四年不满六年	满六年不满八年	满八年及以上	不满一年	满一年不满三年	满三年及以上	
上海市劳动局沪劳保发[95]83号	关于加强企业职工疾病休假管理、保障职工疾病休假期间生活的通知	本人工资	60%	70%	80%	90%	100%	40%	50%	60%	1995.10.1 ～ 2026.8.15
		◎ 职工疾病或非因工负伤待遇高于本市上年度月平均工资的，月平均工资计发。 ◎ 企业现行的职工疾病、非因工负伤休假期间的待遇计发办法高于本规定的，可继续保留。 ◎ 职工疾病或非因工负伤休假日数应按实际休假日数计算，连续休假期内含有休息日、节假日的应予剔除。									

注：上述规定中的"连续工龄"一般是指本企业工龄。

（二）疾病休假工资最低标准

文　号	标　题	内　容　摘　要	执行时间
上海市劳动和社会保障局沪劳保保发〔2000〕14号	关于本市企业职工疾病休假工资或疾病救济费最低标准的通知	◎ 职工疾病休假工资或疾病救济费不得低于当年本市企业职工最低工资标准的80％。 ◎ 企业职工疾病休假工资或疾病救济费最低标准不包括应由职工个人缴交的养老、医疗、失业保险费和住房公积金。	2000.4.1 ～ 2026.8.15

五、高温季节津贴

文　号	标　题	内　容　摘　要	执行时间
上海市人力资源和社会保障局沪人社规〔2019〕19号	关于调整本市夏季高温津贴标准的通知	◎ 自2019年6月1日起，本市夏季高温津贴标准从200元/月调整为300元/月。 ◎ 企业每年6月至9月安排劳动者露天工作以及不能采取有效措施将工作场所温度降低到33℃以下的(不含33℃)，应当向劳动者支付夏季高温津贴。 ◎ 对于劳动者工作场所的性质难以确定的特殊情况，企业应结合实际，通过工资集体协商等形式，合理制定发放办法。 ◎ 夏季高温津贴纳入工资总额。企业在发放夏季高温津贴的同时，应继续做好工作现场清凉饮料的供应。	2019.6.1 ～ 2028.12.31
国家安全生产监管总局安监总安健〔2012〕89号	关于印发防暑降温措施管理办法的通知	◎ 不得以发放钱物替代提供防暑降温饮料。防暑降温饮料不得充抵高温津贴。 ◎ 因高温天气停止工作、缩短工作时间的，用人单位不得扣除或降低劳动者工资。 ◎ 劳动者从事高温作业的，依法享受岗位津贴。	2012.6.29

第五章 经济补偿

一、经济补偿的几种情形

文号	标题	类别		条件	补偿标准	执行时间
中华人民共和国主席令第65号	中华人民共和国劳动合同法	合同解除	协商解除	用人单位提出与劳动者解除劳动合同的	◎ 按劳动者在本单位工作年限，每满一年支付一个月工资标准的经济补偿。六个月以上不满一年的，按一年计算；不满六个月的，支付半个月工资的经济补偿。 ◎ 劳动者月工资高于用人单位所在地上年度职工月平均工资三倍的，按职工月平均工资三倍支付，向其支付经济补偿的年限最高不超过十二年。 ◎ 月工资是指劳动者在劳动合同解除或者终止前十二个月的平均工资。	2008.1.1 2012.12.28修正
			劳动者提出	劳动者可以解除劳动合同的六种情形		
			非过失性解除	用人单位提前三十日以书面形式解除劳动合同的三种情形		
			经济性裁员	用人单位依法裁减人员的四种情形		
		合同终止		◎ 除用人单位维持或者提高劳动合同约定条件续订劳动合同，劳动者不同意续订的情形外，合同期满终止固定期限劳动合同的； ◎ 用人单位被依法宣告破产的； ◎ 被吊销营业执照、责令关闭、撤销或者用人单位提前解散的。		
国务院令第535号	中华人民共和国劳动合同法实施条例			◎ 以完成一定工作任务为期限的劳动合同因任务完成而终止的。		2008.9.18

(续表)

文号	标题	类别	条件	补偿标准	执行时间
最高人民法院法释[2020]26号	关于审理劳动争议案件适用法律问题的解释（一）	合同终止	◎劳动合同法施行后，因用人单位经营期限届满不再继续经营导致劳动合同不能继续履行，劳动者请求用人单位支付经济补偿的，人民法院应予支持。		2021.1.1

文号	标题	内容摘要	执行时间
上海市高级人民法院沪高法[2009]73号	关于适用《劳动合同法》若干问题的意见	◎关于经济补偿金"分段计算"的问题 根据《劳动合同法》第九十七条的规定，《劳动合同法》施行之日存续的劳动合同，在《劳动合同法》施行后解除或终止的，其经济补偿金的具体计算方法如下： （一）《劳动合同法》与2008年1月1日之前施行的相关法律法规的规定（以下简称"以前规定"）均规定应当支付经济补偿金的情况，且劳动者的月平均工资不高于上年度本市职工月平均工资三倍的，经济补偿金的计算基数按劳动者在劳动合同解除或终止前十二个月的月平均工资确定。 （二）《劳动合同法》规定应当支付经济补偿金的情形，且不属于以前规定中"经济补偿金总额不超过劳动者十二个月的工资收入"情形的，经济补偿年限自用工之日起计算。《劳动合同法》规定应当支付经济补偿金的情形，但属于以前规定中"经济补偿金总额不超过劳动者十二个月的工资收入"情形的，劳动者在《劳动合同法》施行前的经济补偿年限按照以前规定计算；劳动者在《劳动合同法》施行后的工作年限在计算经济补偿年限时并入计算。 （三）符合《劳动合同法》规定三倍封顶的情形，实施封顶计算经济补偿年限自《劳动合同法》施行之日起计算，《劳动合同法》施行之前的工作年限仍按以前规定的标准计算经济补偿金。 （四）根据《劳动合同法实施条例》第二十五条的规定，用人单位违反《劳动合同法》的规定解除或终止劳动合同，依法支付劳动	2009.3.3

(续表)

文 号	标 题	内 容 摘 要	执行时间
上海市高级人民法院沪高法[2009]73号	关于适用《劳动合同法》若干问题的意见	者赔偿金,赔偿金的计算年限自用工之日起计算。如劳动者在劳动合同被违法解除或终止前十二个月的月平均工资高于上年度本市职工月平均工资三倍的,根据《劳动合同法》第八十七条规定,应当按照第四十七条第二款规定的经济补偿标准计算。	2009.3.3

附:《上海市劳动合同条例》规定的经济补偿

类别		条 件	补偿标准	执行时间
合同解除	协商解除	用人单位提出并与劳动者解除劳动合同的。	本单位工作年限每满一年给予劳动者本人一个月工资收入的经济补偿,补偿金额一般不超过劳动者十二个月的工资收入。	2002.5.1
	劳动者提出	用人单位以暴力、威胁或者非法限制人身自由的手段强迫劳动的;或者未按照劳动合同约定支付劳动报酬或者提供劳动条件的。		
	非过失性解除	劳动者不能胜任工作,经过培训或者调整工作岗位,仍不能胜任工作的。	本单位工作年限每满一年支付相当其本人一个月工资收入的经济补偿。	
		劳动者患病或非因工负伤在规定的医疗期满不能从事原工作,也不能从事由用人单位另行安排的工作的。或者劳动合同订立时所依据的客观情况发生重大变化,致使原劳动合同无法履行的。		
	经济性裁员	用人单位确需依法裁减人员的。		
合同终止		用人单位破产、解散或者被撤销的。		
		劳动合同约定的终止条件和《条例》规定的解除条件相同的,用人单位应当按条例相应解除合同的补偿标准,给予经济补偿。		

注:计算经济补偿时,本单位工作年限满六个月不满一年的,按一年计算。

二、经济补偿计算

文号	标题	内容摘要	执行时间
国务院令第535号	中华人民共和国劳动合同法实施条例	◎ 经济补偿的月工资按照劳动者应得工资计算，包括计时工资或者计件工资以及奖金、津贴和补贴等货币性收入。 ◎ 劳动者在劳动合同解除或者终止前12个月的平均工资低于当地最低工资标准的，按照当地最低工资标准计算。 ◎ 劳动者工作不满12个月的，按照实际工作的月数计算平均工资。	2008.9.18
上海市劳动和社会保障局沪劳保关发〔2002〕13号	关于实施《上海市劳动合同条例》若干问题的通知	股票、期权、红利等与投资相关并不列入工资总额的收益，不作为解除或者终止劳动合同的经济补偿的计发基数。	2002.4.17～2026.8.15

三、医疗补助费

文号	标题	内容摘要	执行时间
上海市人民代表大会常务委员会公告第58号	上海市劳动合同条例	◎ 劳动者患病或非因工负伤，医疗期满后，不能从事原工作而解除劳动合同的，除按规定支付经济补偿外，还应给予不低于劳动者本人6个月工资收入的医疗补助费。	2002.5.1
劳动部劳部发〔1996〕354号	关于实行劳动合同制度若干问题的通知	◎ 劳动者患病或者非因工负伤，合同期满终止劳动合同的，用人单位应当支付不低于6个月工资的医疗补助费；对患重病或绝症的，还应适当增加医疗补助费。	1996.10.31
劳动部办公厅劳办发〔1997〕18号	关于对劳部发〔1996〕354号文件有关问题解释的通知	◎ 合同期满的劳动者终止劳动合同时，医疗期满或者医疗终结被劳动鉴定委员会鉴定为5—10级的，用人单位应当支付不低于6个月工资的医疗补助费。鉴定为1—4级的，应当办理退休、退职手续，享受退休、退职待遇。	1997.2.5

第六章　劳动保护

一、职业病防治

文号	标题	内容摘要	执行时间
中华人民共和国主席令第60号	中华人民共和国职业病防治法	◎ 用人单位与劳动者订立劳动合同（含聘用合同）时，<u>应当将工作过程中可能产生的职业病危害及其后果、职业病防护措施和待遇等如实告知劳动者</u>，并在劳动合同中写明，不得隐瞒或者欺骗。 ◎ 对从事接触职业病危害的作业的劳动者组织上岗前、在岗期间和离岗时的职业健康检查，并将检查结果书面告知劳动者。对未进行离岗前职业健康检查的劳动者不得解除或者终止与其订立的劳动合同。 ◎ 用人单位应当为劳动者建立职业健康监护档案，并按照规定的期限妥善保存。劳动者离开用人单位时，有权索取本人职业健康监护档案复印件，用人单位应当如实、无偿提供，并在所提供的复印件上签章。 ◎ 用人单位应当保障劳动者行使职业卫生保护权利。因劳动者依法行使正当权利而降低其工资、福利等待遇或者解除、终止与其订立的劳动合同的，其行为无效。 ◎ 职业病病人除依法享有工伤保险外，依照有关民事法律，尚有获得赔偿的权利的，有权向用人单位提出赔偿要求。	2002.5.1 2011.12.31 第一次修正 2016.7.2 第二次修正 2017.11.4 第三次修正 2018.12.29 第四次修正
中华人民共和国国家卫生健康委员会令第6号	职业病诊断与鉴定管理办法	◎ 劳动者可以在用人单位所在地、本人户籍所在地或者经常居住地的职业病诊断机构进行职业病诊断。 ◎ 在确认劳动者职业史、职业病危害接触史时，当事人对劳动关系、工种、工作岗位或者在岗时间有争议的，职业病诊断机构应当告知当事人依法向用人单位所在地的劳动人事争议仲裁委员会申请仲裁。	2021.1.4

二、生育及育儿假期

文　号	标　题	内　容　摘　要		执行时间
中华人民共和国国务院令第619号	女职工劳动保护特别规定	产前检查	怀孕女职工在劳动时间内进行产前检查,所需时间计入劳动时间。	2012.4.28
		产假　顺产	产假98天,其中产前可以休假15天。	
		产假　难产	增加产假15天;每多生育一个婴儿,增加产假15天。	
		产假　流产	怀孕未满4个月流产的,享受15天产假;怀孕满4个月流产的,享受42天产假。	
		哺乳时间	用人单位应当在每天的劳动时间内为哺乳期女职工安排1小时哺乳时间;女职工生育多胞胎的,每多哺乳1个婴儿每天增加1小时哺乳时间。	
上海市人民政府令第36号	上海市女职工劳动保护办法	产前假	妊娠7个月以上,应给予每天工间休息1小时。如工作许可,经本人申请,单位批准,可请产前假两个半月。	1990.11.1 2010.12.20修正
		哺乳假	女职工生育后,若有困难且工作许可,由本人提出申请,经单位批准,可请哺乳假6个半月。	
上海市人民政府沪府规[2022]18号	关于印发修订后的《上海市计划生育奖励与补助若干规定》的通知	生育假陪产假	符合法律法规规定生育的夫妻,女方还可以再享受生育假60天,男方享受配偶陪产假10天,上述假期遇法定节假日顺延。生育假一般应当与产假合并连续使用,享受产假同等待遇。陪产假应当在产妇产假期间连续使用。	2022.11.1～2027.10.31
		育儿假	符合法律法规规定生育的夫妻,在其子女年满3周岁之前,双方每年可享受育儿假各5天,按照生育的子女数量累计计算。育儿假一般应当在每个周期年内使用,可以连续或分散使用。	

三、节育手术假期和待遇

文　号	标　题	内　容　摘　要		执行时间
上海市人民政府沪府规[2022]18号	关于印发修订后的《上海市计划生育奖励与补助若干规定》的通知	放置宫内节育器	休息2天	2022.11.1 ～ 2027.10.31
		放置宫内节育器后	3个月、6个月、12个月时各随访一次，以后每年随访一次，每次休息1天。	
		取宫内节育器	休息2天	
		输精管绝育	休息7天	
		输卵管绝育	休息30天	
		人工流产	第一次人工流产及因放置宫内节育器、绝育、皮下埋植术后失败的再次人工流产，孕期小于13周且行吸宫术及药物流产的，休息14天；孕期小于13周且行钳刮术的，休息21天；孕期大于13周的，休息30天。	
		放置皮下埋植剂	休息5天	
		取皮下埋植剂	休息3天	
		放置宫内节育器或皮下埋植剂后因月经失调需诊断性刮宫	休息5天	
		◎ 实行以上节育手术的公民，其假期工资按照本人正常出勤应得的工资发给。 ◎ 实行计划生育手术的公民有以下情形之一且经医生同意需要休息的，其假期按病假处理： 　1. 第一次人工流产后及因放置宫内节育器、绝育、皮下埋植术后失败而再次人工流产后，已休满规定假期。 　2. 未采取绝育、放置宫内节育器或皮下埋植术而再次人工流产的。 　3. 发生节育手术并发症。 ◎ 同时实行多项计划生育手术的，多项手术假期累计。		

四、女职工权益保障

文 号	标 题	内 容 摘 要	执行时间
中华人民共和国主席令第58号	中华人民共和国妇女权益保障法	◎ 女职工在怀孕以及依法享受产假期间,劳动(聘用)合同或者服务协议期满的,劳动(聘用)合同或者服务协议期限自动延续至产假结束。但是,用人单位依法解除、终止劳动(聘用)合同、服务协议,或者女职工依法要求解除、终止劳动(聘用)合同、服务协议的除外。 ◎ 禁止就业性别歧视 　　用人单位在招录(聘)过程中,除国家另有规定外,不得实施下列行为: 　　(一)限定为男性或者规定男性优先; 　　(二)除个人基本信息外,进一步询问或者调查女性求职者的婚育情况; 　　(三)将妊娠测试作为入职体检项目; 　　(四)将限制结婚、生育或者婚姻、生育状况作为录(聘)用条件; 　　(五)其他以性别为由拒绝录(聘)用妇女或者差别化地提高对妇女录(聘)用标准的行为。 　　用人单位不得因结婚、怀孕、产假、哺乳等情形,降低女职工的工资和福利待遇,限制女职工晋职、晋级、评聘专业技术职称和职务,辞退女职工,单方解除劳动(聘用)合同或者服务协议。 　　用人单位在执行国家退休制度时,不得以性别为由歧视妇女。 　　用人单位违反上述规定的,由人力资源和社会保障部门责令改正;拒不改正或者情节严重的,处一万元以上五万元以下罚款。 ◎ 性骚扰防治 　　用人单位应当采取下列措施预防和制止对妇女的性骚扰:	1992.4.3 2023.1.1 第三次修正实施

第六章 劳动保护

(续表)

文　号	标　题	内　容　摘　要	执行时间
中华人民共和国主席令第58号	中华人民共和国妇女权益保障法	（一）制定禁止性骚扰的规章制度； （二）明确负责机构或者人员； （三）开展预防和制止性骚扰的教育培训活动； （四）采取必要的安全保卫措施； （五）设置投诉电话、信箱等，畅通投诉渠道； （六）建立和完善调查处置程序，及时处置纠纷并保护当事人隐私和个人信息； （七）支持、协助受害妇女依法维权，必要时为受害妇女提供心理疏导； （八）其他合理的预防和制止性骚扰措施。	1992.4.3 2023.1.1 第三次修正实施
人力资源社会保障部、教育部、司法部、卫生健康委、国资委、医保局、全国总工会、全国妇联、最高人民法院	人力资源社会保障部、教育部等九部门关于进一步规范招聘行为促进妇女就业的通知	◎ 建立联合约谈机制。畅通窗口来访接待、12333、12338、12351热线等渠道，及时受理就业性别歧视相关举报投诉。根据举报投诉，对涉嫌就业性别歧视的用人单位开展联合约谈，采取谈话、对话、函询等方式，开展调查和调解，督促限期纠正就业性别歧视行为，及时化解劳动者和用人单位间矛盾纠纷。被约谈单位拒不接受约谈或约谈后拒不改正的，依法进行查处，并通过媒体向社会曝光。 ◎ 健全司法救济机制。依法受理妇女就业性别歧视相关起诉，设置平等就业权纠纷案由。	2019.2.18
上海市人民代表大会常务委员会公告〔十五届〕第140号	上海市妇女权益保障条例	◎ 经二级以上医疗保健机构证明有习惯性流产史、严重的妊娠综合症、妊娠合并症等可能影响正常生育的，本人提出申请，用人单位应当批准其产前假。 ◎ 经二级以上医疗保健机构证明患有产后严重影响母婴身体健康疾病的，本人提出申请，用人单位应当批准其哺乳假。	2023.1.1

(续表)

文　号	标　题	内　容　摘　要	执行时间
上海市人民代表大会常务委员会公告〔十五届〕第140号	上海市妇女权益保障条例	◎ 女职工按有关规定享受的产前假、哺乳假期间的工资不得低于其原工资性收入的80%；调整工资时，产前假、产假、哺乳假视作正常出勤。 ◎ 各单位应当定期安排女职工进行妇科病、乳腺病的筛查以及妇女需要的其他健康检查。鼓励有条件的单位可以增加筛查次数和项目。	2023.1.1
中华人民共和国主席令第28号	中华人民共和国劳动法	◎ 禁止安排女职工从事矿山井下国家规定的第四级体力劳动强度的劳动和其他禁忌从事的劳动。 ◎ 不得安排女职工在经期从事高处、低温、冷水作业和国家规定的第三级体力劳动强度的劳动。 ◎ 不得安排女职工在怀孕和哺乳期间从事国家规定的第三级体力劳动强度的劳动和孕期及哺乳期禁忌从事的其他劳动。对怀孕七个月以上及在哺乳期的女职工，不得安排其延长工作时间和夜班劳动。	1995.5.1 2009.8.27 第一次修正 2018.12.29 第二次修正
国家卫生健康委国卫人口发〔2022〕26号	关于进一步完善和落实积极生育支持措施的指导意见	◎ 构建生育友好的就业环境 　女职工比较多的用人单位应当建立孕妇休息室、哺乳室，配备必要母婴服务设施，更好满足孕产期、哺乳期女职工的需求。	2022.7.25

注：制定禁止性骚扰的规章制度，可参考《关于印发〈工作场所女职工特殊劳动保护制度（参考文本）〉和〈消除工作场所性骚扰制度（参考文本）〉的通知》（人力资源和社会保障部人社厅发〔2023〕8号）。

第七章　劳务派遣

一、派遣人员劳动合同

文号	标题	内容摘要	执行时间
中华人民共和国主席令第65号	中华人民共和国劳动合同法	◎ 经营劳务派遣业务应当具备下列条件： （一）注册资本不得少于人民币二百万元； （二）有与开展业务相适应的固定的经营场所和设施； （三）有符合法律、行政法规规定的劳务派遣管理制度； （四）法律、行政法规规定的其他条件。 经营劳务派遣业务，应当向劳动行政部门依法申请行政许可；经许可的，依法办理相应的公司登记。未经许可，任何单位和个人不得经营劳务派遣业务。 ◎ 劳务派遣单位应当与被派遣劳动者订立两年以上的固定期限劳动合同，按月支付劳动报酬；被派遣劳动者在无工作期间，劳务派遣单位应当按照所在地人民政府规定的最低工资标准，向其按月支付报酬。	2008.1.1 2013.7.1修正实施
人力资源和社会保障部令第22号	劳务派遣暂行规定	◎ 劳务派遣单位行政许可有效期未延续或者《劳务派遣经营许可证》被撤销、吊销的，已经与被派遣劳动者依法订立的劳动合同应当履行至期限届满。双方经协商一致，可以解除劳动合同。	2014.3.1
国务院令第535号	中华人民共和国劳动合同法实施条例	劳务派遣单位不得以非全日制用工形式招用被派遣劳动者。	2008.9.18

二、派遣用工与退回

文 号	标 题	内 容 摘 要	执行时间
人力资源和社会保障部令第22号	劳务派遣暂行规定	◎ 用人单位将本单位劳动者派往境外工作或者派往家庭、自然人处提供劳动的,不属于本规定所称劳务派遣。	2014.3.1
中华人民共和国主席令第65号	中华人民共和国劳动合同法	◎ 用工单位不得将被派遣劳动者再派遣到其他用人单位。 ◎ 用人单位不得设立劳务派遣单位向本单位或者所属单位派遣劳动者。	2008.1.1 2013.7.1修正实施
人力资源和社会保障部令第22号	劳务派遣暂行规定	◎ 有下列情形之一的,用工单位可以将被派遣劳动者退回劳务派遣单位: (一)用工单位有劳动合同法第四十条第三项、第四十一条规定情形的; (二)用工单位被依法宣告破产、吊销营业执照、责令关闭、撤销、决定提前解散或者经营期限届满不再继续经营的; (三)劳务派遣协议期满终止的。 被派遣劳动者退回后在无工作期间,劳务派遣单位应当按照不低于所在地人民政府规定的最低工资标准,向其按月支付报酬。	2014.3.1
上海市人力资源和社会保障局、上海市高级人民法院	关于劳务派遣适用法律若干问题的会议纪要	◎ 关于劳务派遣退回情形的问题 依据以下情形之一的,也可退回劳动者: (一)《劳动合同法》第六十五条第二款规定的情形; (二)《劳动合同法》第四十四条第(一)、(二)项规定的情形; (三)《劳动合同法实施条例》第二十一条规定的情形; (四)派遣期限届满的; (五)劳务派遣协议解除的; (六)三方事前约定或者事后达成合意的;	2014.12.31

(续表)

文号	标题	内容摘要	执行时间
上海市人力资源和社会保障局、上海市高级人民法院	关于劳务派遣适用法律若干问题的会议纪要	（七）用工单位不履行义务，派遣单位主动撤回劳动者的； （八）依据《派遣规定》第十六条规定，派遣单位在办理注销登记手续前，用工单位与派遣单位协商后退回的； （九）违反法律规定派遣进行整改的； （十）其他依据法律规定确需退回的。 ◎关于退回后重新派遣争议的处理问题 劳动者被用工单位按照《派遣规定》第十二条规定情形退回的，派遣单位和用工单位应当按照《派遣规定》第十三条、第十五条、第十七条、第二十四条规定执行。 依据本纪要第六条情形，劳动者被退回，派遣单位依据劳动合同约定等对劳动者进行合理重新派遣而劳动者不同意的，派遣单位可按规章制度、劳动纪律或者劳动合同等相关规定处理，双方当事人由此发生争议的，劳动争议处理机构应当依法处理。 派遣单位依照《劳动合同法》第四十条第三项规定与不接受重新派遣的劳动者解除劳动合同，劳动者要求派遣单位支付经济补偿的，应予支持。 ◎关于退回依据不足争议的处理问题 劳动者被退回依据不足，且派遣单位未在合理期限内（一般为一个月）进行合理重新派遣的，劳动者参照《劳动合同法》第三十八条规定解除劳动合同并要求支付经济补偿的，劳动争议处理机构应予支持。	2014.12.31

三、岗位限制

文号	标题	内容摘要	执行时间
中华人民共和国主席令第65号	中华人民共和国劳动合同法	◎ 劳动合同用工是我国的企业基本用工形式。劳务派遣用工是补充形式，只能在临时性、辅助性或者替代性的工作岗位上实施。 ◎ 临时性工作岗位是指存续时间不超过6个月的岗位；辅助性工作岗位是指为主营业务岗位提供服务的非主营业务岗位；替代性工作岗位是指用工单位的劳动者因脱产学习、休假等原因无法工作的一定期间内，可以由其他劳动者替代工作的岗位。	2008.1.1 2013.7.1修正实施
人力资源和社会保障部令第22号	劳务派遣暂行规定	◎ 用工单位应当严格控制劳务派遣用工数量，使用的被派遣劳动者数量不得超过其用工总量的10%。 ◎ 外国企业常驻代表机构和外国金融机构驻华代表机构等使用被派遣劳动者的，以及船员用人单位以劳务派遣形式使用国际远洋海员的，不受临时性、辅助性、替代性岗位和劳务派遣用工比例的限制。	2014.3.1
上海市人力资源和社会保障局沪人社规〔2023〕32号	关于规范本市劳务派遣用工若干问题的意见	◎ 用工单位要按照《派遣规定》的规定，经职工代表大会或者全体职工讨论，提出方案和意见，与工会或者职工代表平等协商确定适用劳务派遣用工的辅助性岗位范围，并在单位内公示。 用工单位未按规定确定辅助性岗位范围的，人力资源社会保障行政部门应责令其限期整改；用工单位逾期未整改的，人力资源社会保障行政部门按照《劳动保障监察条例》的相关规定予以处罚。	2024.1.1 ～ 2028.12.31
上海市人力资源和社会保障局、上海市高级人民法院	关于劳务派遣适用法律若干问题的会议纪要	◎ 关于违反法律规定派遣的问题 《修改决定》、《派遣规定》关于"三性"岗位、派遣用工比例的规定均是以派遣单位或用工单位为义务主体的管理性规定，仅违反上述管理性规定的，不影响派遣协议和劳动合同的效力。派遣单位、用工单	2014.12.31

(续表)

文号	标题	内容摘要	执行时间
上海市人力资源和社会保障局、上海市高级人民法院	关于劳务派遣适用法律若干问题的会议纪要	位违反上述管理性规定的,由人力资源社会保障行政部门责令其限期整改。 　　当事人以确认某具体岗位是否属于"三性"岗位或者用工单位是否超出法定比例用工而发生的争议,不属于《调解仲裁法》规定的劳动争议案件受理范围,劳动争议处理机构不予受理。当事人要求确认劳动合同或派遣协议无效或者劳动者要求确认与用工单位存在劳动关系的,缺乏法律依据,不予支持。	2014.12.31
上海市人力资源和社会保障局沪人社规〔2023〕3号	人力资源社会保障领域轻微违法行为依法不予行政处罚清单(一)	◎ 下列违法行为,初次发生、危害后果轻微且及时改正的,不予行政处罚: 　　违反《劳务派遣暂行规定》第三条第三款,用工单位决定使用被派遣劳动者的辅助性岗位,未经法定程序协商确定,或者未在单位内公示的。	2023.4.1 ～ 2028.3.31

四、同工同酬

文号	标题	内容摘要	执行时间
中华人民共和国主席令第65号	中华人民共和国劳动合同法	◎ 劳务派遣单位跨地区派遣劳动者的,被派遣劳动者享有的劳动报酬和劳动条件,按照用工单位所在地的标准执行。 ◎ 被派遣劳动者享有与用工单位的劳动者同工同酬的权利。用工单位应当按照同工同酬原则,对被派遣劳动者与本单位同类岗位的劳动者实行相同的劳动报酬分配办法。用工单位无同类岗位劳动者的,参照用工单位所在地相同或者相近岗位劳动者的劳动报酬确定。 ◎ 被派遣劳动者有权在劳务派遣单位或者用工单位依法参加或者组织工会,维护自身的合法权益。	2008.1.1 2013.7.1 修正实施

(续表)

文 号	标 题	内 容 摘 要	执行时间
上海市人力资源和社会保障局、上海市高级人民法院	关于劳务派遣适用法律若干问题的会议纪要	◎ 关于同工同酬争议的问题 用工单位未按照《修改决定》的规定执行,仍对劳动合同制员工和派遣员工实行不同的劳动报酬分配办法,派遣员工要求用工单位按照《修改决定》的规定执行相同的劳动报酬分配办法的,由人力资源社会保障行政部门督促用工单位依法整改。但是,当事人之间发生《调解仲裁法》规定范围内的劳动报酬争议,劳动争议处理机构应当依法处理。	2014.12.31

五、社会保险

文 号	标 题	内 容 摘 要	执行时间
人力资源和社会保障部令第22号	劳务派遣暂行规定	◎ 劳务派遣单位跨地区派遣劳动者的,应当在用工单位所在地为被派遣劳动者参加社会保险,按照用工单位所在地的规定缴纳社会保险费,被派遣劳动者按照国家规定享受社会保险待遇。 ◎ 劳务派遣单位在用工单位所在地设立分支机构的,由分支机构为被派遣劳动者办理参保手续,缴纳社会保险费。	2014.3.1
上海市人力资源和社会保障局沪人社规〔2023〕32号	关于规范本市劳务派遣用工若干问题的意见	◎ 外省市劳务派遣单位在本市设立分支机构的,由分支机构办理招工备案手续,并按照本市标准,在本市为派遣员工缴纳社会保险。外省市劳务派遣单位未在本市设立分支机构的,由本市用工单位办理用工备案手续,并按照本市标准,在本市代劳务派遣单位为派遣员工缴纳社会保险。	2024.1.1 ～ 2028.12.31

六、工伤责任

文　号	标　题	内　容　摘　要	执行时间
人力资源和社会保障部令第22号	劳务派遣暂行规定	◎ 被派遣劳动者在用工单位因工作遭受事故伤害的,劳务派遣单位应当依法申请工伤认定,用工单位应当协助工伤认定的调查核实工作。劳务派遣单位承担工伤保险责任,但可以与用工单位约定补偿办法。被派遣劳动者在申请进行职业病诊断、鉴定时,用工单位应当负责处理职业病诊断、鉴定事宜,并如实提供职业病诊断、鉴定所需的劳动者职业史和职业危害接触史、工作场所职业危害因素检测结果等资料,劳务派遣单位应当提供被派遣劳动者职业病诊断、鉴定所需的其他材料。	2014.3.1
上海市人力资源和社会保障局沪人社规〔2023〕32号	关于规范本市劳务派遣用工若干问题的意见	◎ 派遣员工在本市用工单位发生事故伤害的,由劳务派遣单位或者外省市劳务派遣单位在本市设立的分支机构向注册地区县人力资源社会保障行政部门提出工伤认定申请,并承担申请工伤劳动能力鉴定、申领工伤保险待遇等工伤保险责任;用工单位应当协助工伤认定的调查核实工作,并按国家和本市工伤保险规定承担应当由用人单位支付的工伤保险待遇及浮动费率等工伤保险责任。 ◎ 外省市劳务派遣单位未在本市设立分支机构的,由本市用工单位向注册地区县人力资源社会保障行政部门提出工伤认定申请,并按国家和本市工伤保险规定承担工伤保险责任。 ◎ 发生工伤的派遣员工在劳动关系存续期间被退回劳务派遣单位的,用工单位应当按《上海市工伤保险实施办法》的规定与劳务派遣单位结清该员工依法享有的一次性伤残就业补助金;该员工与劳务派遣单位解除或者终止劳动关系时,由工伤保险基金和劳务派遣单位按规定分别支付一次性工伤医疗补助金和一次性伤残就业补助金。	2024.1.1～2028.12.31

(续表)

文号	标题	内容摘要	执行时间
上海市人力资源和社会保障局沪人社规〔2023〕32号	关于规范本市劳务派遣用工若干问题的意见	◎劳务派遣单位对用工单位的工伤保险责任依法承担连带赔偿责任。 ◎外省市劳务派遣单位未在本市设立分支机构且本市用工单位未按规定在本市缴纳社会保险的,派遣员工在发生纠纷时要求本市用工单位承担工伤、医疗等社会保险待遇的,本市用工单位应当先行承担。	2024.1.1～2028.12.31

七、其他

文号	标题	内容摘要	执行时间
上海市人力资源和社会保障局、上海市高级人民法院	关于劳务派遣适用法律若干问题的会议纪要	◎关于劳务派遣三方当事人权利义务纠纷的处理问题 　　劳务派遣涉及派遣单位、用工单位、劳动者三方当事人,派遣单位和用工单位对劳动者分别承担义务。劳动者与派遣单位或者用工单位发生劳动争议的,劳动争议处理机构应当按照《调解仲裁法》的规定,将派遣单位和用工单位作为共同当事人,并根据《劳动合同法》等相关法律规定分别确定派遣单位和用工单位的法律责任。用工单位给劳动者造成损害的,派遣单位与用工单位承担连带赔偿责任。	2014.12.31
上海市人大常委会公告〔十六届〕第1号	上海市就业促进条例	◎用人单位和个人应当配合相关部门开展劳动力资源调查统计和就业监测,如实提供相关信息;用人单位系劳务派遣单位的,应当同时提供所派遣劳动者实际用工单位及岗位等信息。	2023.3.1

第八章　非全日制劳动用工

一、每月工作时间、最低工资标准

文　号	标　题	内　容　摘　要	执行时间
中华人民共和国主席令第65号	中华人民共和国劳动合同法	◎ 非全日制用工,是指以小时计酬为主,劳动者在同一用人单位一般平均每日工作时间不超过4小时,每周工作时间累计不超过24小时的用工形式。 ◎ 非全日制用工,劳动报酬结算支付周期最长不超过15日。	2008.1.1 2013.7.1 修正实施
上海市人力资源和社会保障局沪人社规[2023]19号	关于调整本市最低工资标准的通知	◎ 小时最低工资标准从23元调整为24元。 ◎ 小时最低工资不包括个人和单位依法缴纳的社会保险费。	2023.7.1

附:历年本市非全日制小时最低工资标准　　　　　　单位:元

年　份	2015	2016	2017	2018	2019
最低工资	18	19	20	21	22
年　份	2020	2021	2022	2023	2024
最低工资	22	23	23	24	24

二、社会保险费缴纳和待遇

文号	标题	内容摘要	执行时间
上海市人力资源和社会保障局沪人社规〔2023〕5号	关于灵活就业人员参加本市职工基本养老、职工基本医疗保险有关问题的通知	◎ 灵活就业人员是指年满16周岁且男性未满60周岁、女性未满55周岁,在本市劳动就业的自雇人员、无雇工个体工商户、未在用人单位参加基本养老、医疗保险的非全日制从业人员以及其他灵活就业人员。 ◎ 就业登记和社会保险登记可以网上办理,也可以在社会保险经办机构、公共就业服务机构或街道、乡(镇)社区事务受理服务中心办理。办理就业登记和社会保险登记后,按规定缴纳基本养老、医疗保险费。 ◎ 参保缴费后,社会保险经办机构为其建立基本养老、医疗保险个人账户,按照国家和本市规定记账并计算缴费年限。基本养老、医疗保险关系的转移接续等,按国家和本市相关规定执行。 ◎ 按月缴费,不得以事后追补缴费的方式增加缴费年限。 ◎ 灵活就业人员按规定缴纳职工基本医疗保险费后,其基本医疗保险待遇,以及医保综合减负办法、医保退休待遇认定等按照本市职工基本医疗保险同类人员有关规定执行。 ◎ 特殊人员:在本市灵活就业的香港、澳门、台湾居民、取得在华永久居留资格的外国人,按照(参照)本通知规定执行。	2023.5.1 ～ 2028.4.30

(续表)

文号	标题	内容摘要	执行时间
上海市人力资源和社会保障局沪人社医发[2012]45号	关于本市城镇从事自由职业人员、无雇工的个体工商户以及其他灵活就业人员享受基本医疗保险待遇设置等待期的通知	◎灵活就业人员享受基本医疗保险待遇的等待期： （一）新参加本市城镇职工基本医疗保险的灵活就业人员，自缴纳基本医疗保险费的次月起，可以使用个人医疗账户资金，连续缴费满六个月并按规定继续缴纳基本医疗保险费的，可享受本市城镇职工基本医疗保险办法规定的基本医疗保险待遇。 （二）原参加本市城镇职工基本医疗保险并享受城镇职工基本医疗保险待遇的本市城镇在职职工和原参加本市城镇居民基本医疗保险并享受城镇居民基本医疗保险待遇的城镇居民，在中断享受城镇职工基本医疗保险待遇或城镇居民基本医疗保险待遇后的三个月内以灵活就业人员身份参加城镇职工基本医疗保险并按规定缴费的，不受上述规定限制。	2013.1.1～2027.12.31

注：目前用人单位可在线上办理非全日制用工招工参保登记并缴纳工伤保险，具体流程详见本书P2注释。劳动者个人可以在线上办理参保登记。个人办理渠道：

(1) 线上办理：①"随申办"App（"灵活就业一件事"）；②国家社会保险公共服务平台（网址：http://si.12333.gov.cn）。
本市户籍、外省市户籍灵活就业人员均可通过以上渠道办理。

(2) 线下办理：灵活就业人员需携带本人有效身份证件原件（或电子亮证）至就近的街镇（乡）社区事务受理服务中心办理参保手续。

三、公积金缴存

文 号	标 题	内 容 摘 要	执行时间
上海市住房公积金管理委员会沪公积金管委会〔2023〕3号	上海市住房公积金缴存管理办法	个体工商户及其雇用人员、非全日制从业人员以及其他灵活就业人员，可以由个人缴存住房公积金。	2023.4.1～2028.3.31

四、工伤待遇

文 号	标 题	内 容 摘 要	执行时间
上海市人民政府令第93号	上海市工伤保险实施办法（2012）	◎ 招用非全日制从业人员的用人单位应当按照本办法规定的缴费基数和费率，为其缴纳工伤保险费。 ◎ 非全日制从业人员因工作遭受事故伤害或者患职业病后，与用人单位的劳动关系按照《中华人民共和国劳动合同法》、《上海市劳动合同条例》的规定执行，享受下列工伤保险待遇： （1）按照本办法规定由工伤保险基金支付的工伤保险待遇； （2）由承担工伤保险责任的用人单位参照本办法规定支付停工留薪期待遇，且不得低于全市职工月最低工资标准； （3）致残一级至四级的，由承担工伤保险责任的用人单位和工伤人员以享受的伤残津贴为基数，一次性缴纳基本医疗保险费至工伤人员到达法定退休年龄，享受基本医疗保险待遇； （4）致残五级至十级的，由承担工伤保险责任的用人单位按照本办法规定的标准支付一次性伤残就业补助金。	2013.1.1

第九章　国有企业管理人员处分

文　号	标　题	内　容　摘　要	执行时间
国务院国令第781号	国有企业管理人员处分条例	◎ 国有企业管理人员,是指国家出资企业中的下列公职人员: （一）在国有独资、全资公司、企业中履行组织、领导、管理、监督等职责的人员; （二）经党组织或者国家机关,国有独资、全资公司、企业,事业单位提名、推荐、任命、批准等,在国有控股、参股公司及其分支机构中履行组织、领导、管理、监督等职责的人员; （三）经国家出资企业中负有管理、监督国有资产职责的组织批准或者研究决定,代表其在国有控股、参股公司及其分支机构中从事组织、领导、管理、监督等工作的人员。 国有企业管理人员任免机关、单位（以下简称任免机关、单位）对违法的国有企业管理人员给予处分,适用公职人员政务处分法第二章、第三章和本条例的规定。 ◎ 处分的种类: （一）警告;（二）记过;（三）记大过;（四）降级;（五）撤职;（六）开除。 ◎ 处分的期间: （一）警告,6个月;（二）记过,12个月;（三）记大过,18个月;（四）降级、撤职,24个月。 处分决定自作出之日起生效,处分期自处分决定生效之日起计算。 ◎ 国有企业管理人员同时有两个以上需要给予处分的违法行为的,应当分别确定其处分。应当给予的处分种类不同的,执行其中最重的处分;应当给予撤职以下多个相同种类处分的,可以在一个处	2024.9.1

(续表)

文 号	标 题	内 容 摘 要	执行时间
国务院国令第781号	国有企业管理人员处分条例	分期以上,多个处分期之和以下确定处分期,但是最长不得超过48个月。 ◎ 已经退休的国有企业管理人员退休前或者退休后有违法行为应当受到处分的,不再作出处分决定,但是可以对其立案调查;依法应当给予降级、撤职、开除处分的,应当按照规定相应调整其享受的待遇,对其违法取得的财物和用于违法行为的本人财物依照本条例第十五条的规定处理。 ◎ 国有企业管理人员有下列行为之一的,依据公职人员政务处分法第二十八条的规定,予以记过或者记大过;情节较重的,予以降级或者撤职;情节严重的,予以开除: (一)散布有损坚持和完善社会主义基本经济制度的言论; (二)拒不执行或者变相不执行国有企业改革发展和党的建设有关决策部署; (三)在对外经济合作、对外援助、对外交流等工作中损害国家安全和国家利益。 公开发表反对宪法确立的国家指导思想,反对中国共产党领导,反对社会主义制度,反对改革开放的文章、演说、宣言、声明等的,予以开除。 ◎ 国有企业管理人员有下列行为之一的,依据公职人员政务处分法第三十条的规定,予以警告、记过或者记大过;情节严重的,予以降级或者撤职: (一)违反规定的决策程序、职责权限决定国有企业重大决策事项、重要人事任免事项、重大项目安排事项、大额度资金运作事项; (二)故意规避、干涉、破坏集体决策,个人或者少数人决定国有企业重大决策事项、重要人事任免事项、重大项目安排事项、大额度资金运作事项;	2024.9.1

(续表)

文号	标 题	内 容 摘 要	执行时间
国务院国令第781号	国有企业管理人员处分条例	（三）拒不执行或者擅自改变国有企业党委(组)会、股东(大)会、董事会、职工代表大会等集体依法作出的重大决定； （四）拒不执行或者变相不执行、拖延执行履行出资人职责的机构、行业管理部门等有关部门依法作出的决定。 ◎ 国有企业管理人员有下列行为之一的，依据公职人员政务处分法第三十三条的规定，予以警告、记过或者记大过；情节较重的，予以降级或者撤职；情节严重的，予以开除： （一）利用职务上的便利，侵吞、窃取、骗取或者以其他手段非法占有、挪用本企业以及关联企业的财物、客户资产等； （二）利用职务上的便利，索取他人财物或者非法收受他人财物，为他人谋取利益； （三）为谋取不正当利益，向国家机关、国家出资企业、事业单位、人民团体，或者向国家工作人员、企业或者其他单位的工作人员，外国公职人员、国际公共组织官员行贿； （四）利用职权或者职务上的影响，违反规定在企业关系国有资产出资人权益的重大事项以及工程建设、资产处置、出版发行、招标投标等活动中为本人或者他人谋取私利； （五）纵容、默许特定关系人利用本人职权或者职务上的影响，在企业关系国有资产出资人权益的重大事项以及企业经营管理活动中谋取私利； （六）违反规定，以单位名义将国有资产集体私分给个人。 拒不纠正特定关系人违反规定任职、兼职或者从事经营活动，且不服从职务调整的，予以撤职。	2024.9.1

(续表)

文号	标题	内容摘要	执行时间
国务院国令第781号	国有企业管理人员处分条例	◎ 国有企业管理人员有下列行为之一，依据公职人员政务处分法第三十五条的规定，情节较重的，予以警告、记过或者记大过；情节严重的，予以降级或者撤职： （一）超提工资总额或者超发工资，或者在工资总额之外以津贴、补贴、奖金等其他形式设定和发放工资性收入； （二）未实行工资总额预算管理，或者未按规定履行工资总额备案或者核准程序； （三）违反规定，自定薪酬、奖励、津贴、补贴和其他福利性货币收入； （四）在培训活动、办公用房、公务用车、业务招待、差旅费用等方面超过规定的标准、范围； （五）公款旅游或者以学习培训、考察调研、职工疗养等名义变相公款旅游。 ◎ 国有企业管理人员有下列行为之一的，依据公职人员政务处分法第三十六条的规定，予以警告、记过或者记大过；情节较重的，予以降级或者撤职；情节严重的，予以开除： （一）违反规定，个人经商办企业、拥有非上市公司（企业）股份或者证券、从事有偿中介活动、在国（境）外注册公司或者进行投资入股等营利性活动； （二）利用职务上的便利，为他人经营与所任职企业同类经营的企业； （三）违反规定，未经批准在本企业所出资企业或者其他企业、事业单位、社会组织、中介机构、国际组织等兼任职务； （四）经批准兼职，但是违反规定领取薪酬或者获取其他收入；	2024.9.1

(续表)

文号	标题	内容摘要	执行时间
国务院国令第781号	国有企业管理人员处分条例	（五）利用企业内幕信息或者其他未公开的信息、商业秘密、无形资产等谋取私利。 ◎ 国有企业管理人员在履行提供社会公共服务职责过程中，侵犯服务对象合法权益或者社会公共利益，被监管机构查实并提出处分建议的，依据公职人员政务处分法第三十八条的规定，情节较重的，予以警告、记过或者记大过；情节严重的，予以降级或者撤职；情节特别严重的，予以开除。 ◎ 国有企业管理人员有下列行为之一，造成国有资产损失或者其他严重不良后果的，依据公职人员政务处分法第三十九条的规定，予以警告、记过或者记大过；情节较重的，予以降级或者撤职；情节严重的，予以开除： （一）截留、占用、挪用或者拖欠应当上缴国库的预算收入； （二）违反规定，不履行或者不正确履行经营投资职责； （三）违反规定，进行关联交易，开展融资性贸易、虚假交易、虚假合资、挂靠经营等活动； （四）在国家规定期限内不办理或者不如实办理企业国有资产产权登记，或者伪造、涂改、出租、出借、出售国有资产产权登记证（表）； （五）拒不提供有关信息资料或者编制虚假数据信息，致使国有企业绩效评价结果失真； （六）掩饰企业真实状况，不如实向会计师事务所、律师事务所、资产评估机构等中介服务机构提供有关情况和资料，或者与会计师事务所、律师事务所、资产评估机构等中介服务机构串通作假。	2024.9.1

(续表)

文号	标题	内容摘要	执行时间
国务院国令第781号	国有企业管理人员处分条例	◎ 国有企业管理人员有下列行为之一的,依据公职人员政务处分法第三十九条的规定,予以警告、记过或者记大过;情节较重的,予以降级或者撤职;情节严重的,予以开除: (一)洗钱或者参与洗钱; (二)吸收客户资金不入账,非法吸收公众存款或者变相吸收公众存款,违反规定参与或者变相参与民间借贷; (三)违反规定发放贷款或者对贷款本金减免、停息、减息、缓息、免息、展期等,进行呆账核销,处置不良资产; (四)违反规定出具金融票证、提供担保,对违法票据予以承兑、付款或者保证; (五)违背受托义务,擅自运用客户资金或者其他委托、信托的资产; (六)伪造、变造货币、贵金属、金融票证或者国家发行的有价证券; (七)伪造、变造、转让、出租、出借金融机构经营许可证或者批准文件,未经批准擅自设立金融机构、发行股票或者债券; (八)编造并且传播影响证券、期货交易的虚假信息,操纵证券、期货市场,提供虚假信息或者伪造、变造、销毁交易记录,诱骗投资者买卖证券、期货合约; (九)进行虚假理赔或者参与保险诈骗活动; (十)窃取、收买或者非法提供他人信用卡信息及其他公民个人信息资料。 ◎ 国有企业管理人员有下列行为之一,造成不良后果或者影响的,依据公职人员政务处分法第三十九条的规定,予以警告、记过或者记大过;情节较重的,予以降级或者撤职;情节严重的,予以开除:	2024.9.1

(续表)

文号	标题	内容摘要	执行时间
国务院国令第781号	国有企业管理人员处分条例	（一）泄露企业内幕信息或者商业秘密； （二）伪造、变造、转让、出租、出借行政许可证件、资质证明文件，或者出租、出借国有企业名称或者企业名称中的字号； （三）违反规定，举借或者变相举借地方政府债务； （四）在中华人民共和国境外违反规定造成重大工程质量问题、引起重大劳务纠纷或者其他严重后果； （五）不履行或者不依法履行安全生产管理职责，导致发生生产安全事故； （六）在工作中有敷衍应付、推诿扯皮，或者片面理解、机械执行党和国家路线方针政策、重大决策部署等形式主义、官僚主义行为； （七）拒绝、阻挠、拖延依法开展的出资人监督、审计监督、财会监督工作，或者对出资人监督、审计监督、财会监督发现的问题拒不整改、推诿敷衍、虚假整改； （八）不依法提供有关信息、报送有关报告或者履行信息披露义务，或者配合其他主体从事违法违规行为； （九）不履行法定职责或者违法行使职权，侵犯劳动者合法权益； （十）违反规定，拒绝或者延迟支付中小企业款项、农民工工资等； （十一）授意、指使、强令、纵容、包庇下属人员违反法律法规规定。 ◎给予国有企业管理人员处分，应当自立案之日起6个月内作出决定；案情复杂或者遇有其他特殊情形的，经任免机关、单位主要负责人批准可以适当延长，但是延长期限不得超过6个月。	2024.9.1

(续表)

文号	标题	内容摘要	执行时间
国务院国令第781号	国有企业管理人员处分条例	◎国有企业管理人员被依法追究刑事责任的,任免机关、单位应当根据司法机关的生效判决、裁定、决定及其认定的事实和情节,依法给予处分。 　　国有企业管理人员依法受到行政处罚,应当给予处分的,任免机关、单位可以根据生效的行政处罚决定认定的事实和情节,经核实后依法给予处分。 　　任免机关、单位根据本条第一款、第二款规定作出处分决定后,司法机关、行政机关依法改变原生效判决、裁定、决定等,对原处分决定产生影响的,任免机关、单位应当根据改变后的判决、裁定、决定等重新作出相应处理。 ◎国有企业管理人员涉嫌违法,已经被立案调查,不宜继续履行职责的,任免机关、单位可以决定暂停其履行职务。国有企业管理人员在被立案调查期间,未经决定立案的任免机关、单位同意,不得出境、辞去公职;其任免机关、单位以及上级机关、单位不得对其交流、晋升、奖励或者办理退休手续。 ◎国有企业管理人员受到降级、撤职、开除处分的,应当在处分决定作出后1个月内,由相应人事部门等按照管理权限办理岗位、职务、工资和其他有关待遇等变更手续,并依法变更或者解除劳动合同;特殊情况下,经任免机关、单位主要负责人批准可以适当延长办理期限,但是最长不得超过6个月。 ◎本条例施行前,已经结案的案件如果需要复核、申诉,适用当时的规定。尚未结案的案件,如果行为发生时的规定不认为是违法的,适用当时的规定;如果行为发生时的规定认为是违法的,依照当时的规定处理,但是如果本条例不认为是违法或者根据本条例处理较轻的,适用本条例。	2024.9.1

第十章 境外人员管理

一、外国人在中国就业管理规定

文　号	标　题	内　容　摘　要	执行时间
劳动部、公安部、外交部、外经贸部劳部发〔1996〕29号	关于颁发《外国人在中国就业管理规定》的通知	◎ 外国人在中国就业须具备下列条件： （一）年满18周岁，身体健康； （二）具有从事其工作所必需的专业技能和相应的工作经历； （三）无犯罪记录； （四）有确定的聘用单位； （五）持有有效护照或能代替护照的其他国际旅行证件（以下简称代替护照的证件）。 ◎ 在中国就业的外国人应持Z字签证入境（有互免签证协议的，按协议办理），入境后取得《外国人就业证》（以下简称就业证）和外国人居留证件，方可在中国境内就业。 未取得居留证件的外国人（即持F、L、C、G字签证者）、在中国留学、实习的外国人及持Z字签证外国人的随行家属不得在中国就业。特殊情况，应由用人单位按本规定规定的审批程序申领许可证书，被聘用的外国人凭许可证书到公安机关改变身份，办理就业证、居留证后方可就业。 外国驻中国使、领馆和联合国系统、其他国际组织驻中国代表机构人员的配偶在中国就业，应按《中华人民共和国外交部关于外国驻中国使领馆和联合国系统组织驻中国代表机构人员的配偶在中国任职的规定》执行，并按本条第二款规定的审批程序办理有关手续。 ◎ 就业证只在发证机关规定的区域内有效，用人单位必须与其就业证所注明的单位相一致。	1996.1.22 2010.11.12 修正 2017.3.13 第二次修正

(续表)

文号	标题	内容摘要	执行时间
劳动部、公安部、外交部、外经贸部劳部发[1996]29号	关于颁发《外国人在中国就业管理规定》的通知	◎ 被聘用的外国人与用人单位的劳动合同被解除后,该用人单位应及时报告劳动、公安部门,交还该外国人的就业证和居留证件,并到公安机关办理出境手续。 ◎ 劳动行政部门对就业证实行年检。用人单位聘用外国人就业每满1年,应在期满前30日内到劳动行政部门发证机关为被聘用的外国人办理就业证年检手续。逾期未办的,就业证自行失效。 ◎ 用人单位与被聘用的外国人应依法订立劳动合同。劳动合同的期限最长不得超过五年。劳动合同期限届满即行终止,但按本规定第十九条的规定履行审批手续后可以续订。 ◎ 外国人被批准延长在中国就业期限或变更就业区域、单位后,应在十日内到当地公安机关办理居留证件延期或变更手续。 ◎ 在中国就业的外国人的工作时间、休息休假、劳动安全卫生以及社会保险按国家有关规定执行。 ◎ 用人单位与被聘用的外国人发生劳动争议,应按照《中华人民共和国劳动法》处理。	1996.1.22 2010.11.12修正 2017.3.13第二次修正
劳动部办公厅劳办发[1996]65号	关于贯彻实施《外国人在中国就业管理规定》有关问题的通知	◎ 在中国工作的外国人,若其劳动合同是和中国境内的用人单位(驻地法人)直接签订的,无论其在中国就业的时间长短,一律视为在中国就业;若其劳动合同是和境外法人签订,劳动报酬来源于境外,在中国境内工作三个月以上的(不包括执行技术转让协议的外籍工程技术人员和专业人员),视为在中国就业,应按《规定》到劳动行政部门的发证机关办理就业许可手续,并办理职业签证、就业证和居留证。	1996.04.19

(续表)

文号	标题	内 容 摘 要	执行时间
国家外国专家局外专发[2017]40号	关于全面实施外国人来华工作许可制度的通知	◎ 2017年4月1日起,全国统一实施外国人来华工作许可制度,发放《中华人民共和国外国人工作许可通知》(以下简称《外国人工作许可通知》)和《中华人民共和国外国人工作许可证》(以下简称《外国人工作许可证》,由人力资源社会保障部和国家外专局联合印制),来华工作外国人凭《外国人工作许可通知》和《外国人工作许可证》办理相关签证和居留手续。 ◎ 来华工作外国人分为:外国高端人才(A类)、外国专业人才(B类)、其他外国人员(C类)。 ◎ 外国高端人才(A类) 中国经济社会发展急需的科学家、科技领军人才、国际企业家、专门特殊人才等"高精尖缺"外国高端人才,符合国家引进外国人才重点和目录及以下条件之一的,确定为A类,实行"绿色通道"和"容缺受理"服务。 ◎ 外国专业人才(B类) 符合外国人来华工作指导目录和岗位需求,属于中国经济社会事业发展急需的外国专业人才,符合以下条件之一的,确定为B类。 (一)具有学士及以上学位和2年及以上相关工作经历的外国专业人才。符合以下条款规定之一的: 1. 在教育、科研、新闻、出版、文化、艺术、卫生、体育等特殊领域从事科研、教学、管理等工作的管理人员或专业技术人员。 2. 执行中外政府间协议、国际组织间协议、中外经贸和工程技术合同的人员,对国际知名学术机构和科教类国际组织派遣的人员按照政府间交流合作协议条款相应放宽年龄要求。	2017.4.1

(续表)

文　号	标　题	内　容　摘　要	执行时间
国家外国专家局外专发[2017]40号	关于全面实施外国人来华工作许可制度的通知	3.国际组织驻华代表机构聘雇人员和境外专家组织驻华机构代表。 4.跨国公司派遣的中层以上雇员、外国企业常驻中国代表机构的首席代表和代表。 5.各类企业、事业单位、社会组织等聘用的外国管理人员或专业技术人员。 （二）持有国际通用职业技能资格证书或急需紧缺的技能型人才。 （三）外国语言教学人员。外国语言教学人员原则上应从事其母语国母语教学，并取得大学学士及以上学位且具有2年以上语言教育工作经历。其中，取得教育类、语言类或师范类学士及以上学位的，或取得所在国教师资格证书或取得符合要求的国际语言教学证书的，可免除工作经历要求。 （四）平均工资收入不低于本地区上年度社会平均工资收入4倍的外籍人才。 （五）符合国家有关部门规定的专门人员和实施项目的人员。 （六）计点积分在60分以上的专业人才。 ◎ 其他外国人员（C类） 满足国内劳动力市场需求，符合国家政策规定的其他外国人员，确定为C类，主要包括： （一）符合现行外国人在中国工作管理规定的外国人员； （二）从事临时性、短期性（不超过90日）工作的外国人员； （三）实施配额制管理的人员，包括根据政府间协议来华实习的外国青年、符合规定条件的外国留学生和境外高校外籍毕业生、远洋捕捞等特殊领域工作的外国人等。	2017.4.1

(续表)

文　号	标　题	内　容　摘　要	执行时间
国家外国专家局外专发〔2017〕40号	关于全面实施外国人来华工作许可制度的通知	◎ 外国人来华工作许可申请条件 （一）用人单位基本条件 1. 依法设立，无严重违法失信记录；聘用外国人从事的岗位应是有特殊需要，国内暂缺适当人选，且不违反国家有关规定的岗位；支付所聘用外国人的工资、薪金不得低于当地最低工资标准。 2. 法律法规规定应由行业主管部门前置审批的，需经过批准。 （二）申请人基本条件 1. 应年满18周岁，身体健康，无犯罪记录，境内有确定的用人单位，具有从事其工作所必需的专业技能或相适应的知识水平。 2. 所从事的工作符合我国经济社会发展需要，为国内急需紧缺的专业人员。 3. 法律法规对外国人来华工作另有规定的，从其规定。 （三）外国高端人才（A类） 外国高端人才是指符合"高精尖缺"和市场需求导向，中国经济社会发展需要的科学家、科技领军人才、国际企业家、专门特殊人才等，以及符合计点积分外国高端人才标准的人才。外国高端人才可不受年龄、学历和工作经历限制。 （四）外国专业人才（B类） 外国专业人才是指符合外国人来华工作指导目录和岗位需求，属于经济社会发展急需的人才，具有学士及以上学位和2年及以上相关工作经历，年龄不超过60周岁；对确有需要，符合创新创业人才、专业技能类人才、优秀外国毕业生、符合计点积分外国专业人才标准的以及执行政府间协议或协定的，可适当放宽年龄、学历或工作经历等限制。 （五）其他外国人员（C类） 其他外国人员是指满足国内劳动力市场需求，符合国家政策规定的其他外国人员。	2017.4.1

(续表)

文　号	标　题	内　容　摘　要	执行时间
最高人民法院法释〔2020〕26号	关于审理劳动争议案件适用法律问题的解释(一)	◎ 外国人、无国籍人未依法取得就业证件即与中华人民共和国境内的用人单位签订劳动合同，当事人请求确认与用人单位存在劳动关系的，人民法院不予支持。 ◎ 持有《外国专家证》并取得《外国专家来华工作许可证》的外国人，与中国境内的用人单位建立用工关系的，可以认定为劳动关系。	2021.1.1
中华人民共和国主席令第57号	中华人民共和国出境入境管理法	◎ 外国人有下列行为之一的，属于非法就业： （一）未按照规定取得工作许可和工作类居留证件在中国境内工作的； （二）超出工作许可限定范围在中国境内工作的； （三）外国留学生违反勤工助学管理规定，超出规定的岗位范围或者时限在中国境内工作的。	2013.7.1

二、台、港、澳居民在内地(大陆)就业管理规定

文　号	标　题	内　容　摘　要	执行时间
人力资源和社会保障部人社部发〔2018〕53号	关于香港澳门台湾居民在内地(大陆)就业有关事项的通知	◎ 在内地(大陆)求职、就业的港澳台人员，可使用港澳台居民居住证、港澳居民来往内地通行证、台湾居民来往大陆通行证等有效身份证件办理人力资源社会保障各项业务，以工商营业执照、劳动合同(聘用合同)、工资支付凭证或社会保险缴费记录等作为其在内地(大陆)就业的证明材料。	2018.8.23

三、在中国境内就业外国人和台、港、澳居民参加社会保险

文　号	标　题	内　容　摘　要	执行时间
上海市人力资源和社会保障局沪人社养〔2021〕358号	关于外籍人员、获得境外永久（长期）居留权人员和香港澳门台湾居民在沪就业期间参加职工社会保险有关问题的通知	◎ 与本市用人单位建立劳动（聘用）关系，并按规定办理相关就业证件的外籍和港澳台等人员，应当按国家规定参加职工社会保险。 ◎ 外籍和港澳台等人员已参加本市机关事业单位养老保险制度改革，且2014年10月前的个人缴费已按规定划入职业年金的，可以根据《关于贯彻落实〈人力资源社会保障部、财政部关于机关事业单位基本养老保险关系和职业年金转移接续若干问题的通知〉的通知》（沪人社规〔2019〕29号）第一条的规定发给过渡性养老金。	2021.8.16
人力资源和社会保障部国家医疗保障局令第41号	香港澳门台湾居民在内地（大陆）参加社会保险暂行办法	◎ 在内地（大陆）灵活就业且办理港澳台居民居住证的港澳台居民，可以按照居住地有关规定参加职工基本养老保险和职工基本医疗保险。 ◎ 用人单位依法聘用、招用港澳台居民的，应当持港澳台居民有效证件，以及劳动合同、聘用合同等证明材料，为其办理社会保险登记。在内地（大陆）依法从事个体工商经营和灵活就业的港澳台居民，按照注册地（居住地）有关规定办理社会保险登记。 ◎ 参加职工基本医疗保险的港澳台居民，达到法定退休年龄时累计缴费达到国家规定年限的，退休后不再缴纳基本医疗保险费，按照国家规定享受基本医疗保险待遇；未达到国家规定年限的，可以缴费至国家规定年限。退休人员享受基本医疗保险待遇的缴费年限按照各地规定执行。 　在境外就医所发生的医疗费用不纳入基本医疗保险基金支付范围。	2020.1.1

(续表)

文号	标题	内容摘要	执行时间
人力资源和社会保障部国家医疗保障局令第41号	香港澳门台湾居民在内地（大陆）参加社会保险暂行办法	◎港澳台居民在达到规定的领取养老金条件前离开内地（大陆）的，其社会保险个人账户予以保留，再次来内地（大陆）就业、居住并继续缴费的，缴费年限累计计算；经本人书面申请终止社会保险关系的，可以将其社会保险个人账户储存额一次性支付给本人。 已获得香港、澳门、台湾居民身份的原内地（大陆）居民，离开内地（大陆）时选择保留社会保险关系的，返回内地（大陆）就业、居住并继续参保时，原缴费年限合并计算；离开内地（大陆）时已经选择终止社会保险关系的，原缴费年限不再合并计算，可以将其社会保险个人账户储存额一次性支付给本人。 ◎参加社会保险的港澳台居民在内地（大陆）跨统筹地区流动办理社会保险关系转移时，按照国家有关规定执行。港澳台居民参加企业职工基本养老保险的，不适用建立临时基本养老保险缴费账户的相关规定。已经领取养老保险待遇的，不再办理基本养老保险关系转移接续手续。已经享受退休人员医疗保险待遇的，不再办理基本医疗保险关系转移接续手续。 参加职工基本养老保险的港澳台居民跨省流动就业的，应当转移基本养老保险关系。达到待遇领取条件时，在其基本养老保险关系所在地累计缴费年限满10年的，在该地办理待遇领取手续；在其基本养老保险关系所在地累计缴费年限不满10年的，将其基本养老保险关系转回上一个缴费年限满10年的参保地办理待遇领取手续；在各参保地累计缴费年限均不满10年的，由其缴费年限最长的参保	2020.1.1

(续表)

文　号	标　题	内　容　摘　要	执行时间
人力资源和社会保障部国家医疗保障局令第41号	香港澳门台湾居民在内地（大陆）参加社会保险暂行办法	地负责归集基本养老保险关系及相应资金，办理待遇领取手续，并支付基本养老保险待遇；如有多个缴费年限相同的最长参保地，则由其最后一个缴费年限最长的参保地负责归集基本养老保险关系及相应资金，办理待遇领取手续，并支付基本养老保险待遇。 　　参加职工基本养老保险的港澳台居民跨省流动就业，达到法定退休年龄时累计缴费不足15年的，按照本条第二款有关待遇领取地的规定确定继续缴费地后，按照本办法第六条第一款办理。	2020.1.1
人力资源和社会保障部第16号	在中国境内就业的外国人参加社会保险暂行办法	◎ 与境外雇主订立雇佣合同后，被派遣到在中国境内注册或者登记的分支机构、代表机构（以下称境内工作单位）工作的外国人，由境内工作单位和本人按照规定缴纳社会保险费。 ◎ 参加社会保险的外国人，符合条件的，依法享受社会保险待遇。在达到规定的领取养老金年龄前离境的，其社会保险个人账户予以保留，再次来中国就业的，缴费年限累计计算；经本人书面申请终止社会保险关系的，也可以将其社会保险个人账户储存额一次性支付给本人。 ◎ 具有与中国签订社会保险双边或者多边协议国家国籍的人员在中国境内就业的，其参加社会保险的办法按照协议规定办理。	2011.10.15

四、外国人在中国就业办理就业手续

文　号	标　题	内　容　摘　要	执行时间
劳社厅函[2005]231号	关于对外国人在中国就业管理有关问题的函	◎ 按照《外国人在中国就业管理规定》（劳部发[1996]29号）规定，外国人在中国就业，应当持职业签证入境，凭职业签证办理《外国人就业证》（以下简称就业证）后，办理外国人居留手续。 ◎ 根据《外国人在中国就业管理规定》第八条"特殊情况，应由用人单位按本规定规定的审批程序申领许可证书，被聘用的外国人凭许可证书到公安机关改变身份，办理就业证、居留证后方可就业"规定，外国企业常驻中国代表机构的首席代表因设立机构而持访问签证入境的，可凭访问签证到劳动保障部门直接办理就业证，凭就业证到公安机关申请居留许可。	2005.7.4

第二部分 保险福利

第十一章 社会保险缴费标准

2024 年度上海市职工社会保险缴费标准

项目 对象	缴费基数	养老保险		医疗保险 (含生育保险)		失业保险		工伤保险
		单位	个人	单位	个人	单位	个人	单位
机关、事业、企业、社会团体等单位	7 384—36 921元（注1）	16%	8%	9%	2%	0.5%	0.5%	0.16%—1.52%
有雇工的个体工商户	7 384—36 921元	个体业主缴付16%	个人（包括业主）缴付8%	个体业主缴付9%	个人（包括业主）缴付2%	个体业主缴付0.5%	个人（包括业主）缴付0.5%	个体业主缴付0.16%—1.52%
灵活就业人员（含非全日制从业人员）	7 384—36 921元（注2）	20%		10%		—		— (注3)

注：1. 2024年度职工社会保险缴费基数上限为36 921元，下限为7 384元。单位缴费基数按单位内职工个人月缴费基数之和确定。

2. 灵活就业人员职工社会保险缴费基数由本人自行选择。

3. 按照《上海市工伤保险实施办法》的规定，非全日制从业人员由用人单位缴纳工伤保险费并享受相应的工伤保险待遇。

附：历年社会保险缴费比例汇总表

缴费年度		养老	医疗	失业	工伤	生育
2018	单位	20	9.5	0.5	0.2—1.9	1
	个人	8	2	0.5	—	—
2019	单位	16	9.5	0.5	0.16—1.52	1
	个人	8	2	0.5	—	—
2020	单位	16	10(含生育)	0.5	0.16—1.52	—
	个人	8	2	0.5	—	—
2021	单位	16	10.5(含生育)	0.5	0.16—1.52	—
	个人	8	2	0.5	—	—
2022	单位	16	10.5(含生育)	0.5	0.16—1.52	—
	个人	8	2	0.5	—	—
2023	单位	16	10(含生育)	0.5	0.16—1.52	—
	个人	8	2	0.5	—	—
2024	单位	16	9(含生育)	0.5	0.16—1.52	—
	个人	8	2	0.5	—	—

第十二章　城镇养老保险

一、养老保险缴费比例和缴费基数

文号	标题	内容摘要	执行时间
上海市人力资源和社会保障局沪人社规〔2019〕14号	关于降低本市城镇职工社会保险费率的通知	本市城镇职工基本养老保险(包括企业和机关事业单位基本养老保险)单位缴费比例降低4个百分点,由现行的20%降至16%;个人缴费比例不作调整,仍为8%。	2019.5.1～2023.12.31
上海市人力资源和社会保障局沪劳保基发〔2006〕7号	关于确定缴纳社会保险费工资基数的通知	◎ 当年个人缴费基数按职工本人上年月平均工资性收入确定。个人缴费基数的上限和下限,根据本市公布的上年度全市职工月平均工资的300%和60%相应确定。 ◎ 缴费单位按月缴纳社会保险费的基数按单位内缴费个人月缴费基数之和确定。 ◎ 首次参加工作和变动工作单位的缴费个人,应按新进单位首月全月工资性收入确定月缴费基数。	2006.3.28
上海市医疗保障局沪医保规〔2021〕9号	关于进一步做好生育保险有关工作的通知	从业妇女在领取生育生活津贴期间,本人和所在用人单位仍应按规定缴纳社会保险费。单位在确定个人下一年度月缴费基数时,应将从业妇女按规定享受的生育生活津贴和享受期限剔除计算。	2021.7.1～2026.6.30

注:2024年1月1日起,本市城镇职工基本养老保险缴费比例仍为单位16%,个人8%。

附：历年养老保险缴费比例和缴费基数

缴费年度			2014	2015	2016	2017	2018	2019	2020	2021	2022	2023	2024
上年度全市月平均工资			5 036	5 451	5 939	6 504	7 132	8 765	9 580	10 338	11 396	12 183	12 307
缴费下限	具体标准		3 022	3 271	3 563	3 902	4 279	4 927	4 927	5 975	6 520	7 310	7 384
	个人缴费	比例(%)	8	8	8	8	8	8	8	8	8	8	8
		金额(元)	241.8	261.7	285.1	312.2	342.3	394.2	394.2	478	521.6	584.8	590.7
	单位缴费	比例(%)	21	21	20	20	20	16	16	16	16	16	16
		金额(元)	634.7	687.0	712.6	780.4	855.8	788.3	788.3	956	1 043.2	1 169.6	1 181.4
缴费上限	具体标准		15 108	16 353	17 817	19 512	21 396	24 633	28 017	31 014	34 188	36 549	36 921
	个人缴费	比例(%)	8	8	8	8	8	8	8	8	8	8	8
		金额(元)	1 208.7	1 308.3	1 425.4	1 561	1 711.7	1 970.6	2 241.4	2 481.1	2 735	2 923.92	2 953.7
	单位缴费	比例(%)	21	21	20	20	20	16	16	16	16	16	16
		金额(元)	3 172.7	3 434.2	3 563.4	3 902.4	4 279.2	3 941.3	4 482.7	4 962.2	5 470.1	5 847.84	5 907.4

二、职工退休条件

文 号	标 题	内 容 摘 要	执行时间
劳动和社会保障部劳社部发〔1999〕8号	关于制止和纠正违反国家规定办理企业职工提前退休有关问题的通知	◎ 国家法定的企业职工退休年龄是： 男年满60周岁，女工人年满50周岁，女干部年满55周岁。 从事井下、高空、高温、特别繁重体力劳动或其他有害身体健康工作(以下称特殊工种)的，退休年龄为男年满55周岁、女年满45周岁； 因病或非因工致残，由医院证明并经劳动鉴定委员会确认完全丧失劳动能力的，退休年龄为男年满50周岁、女年满45周岁。	1999.3.9
国务院令第535号	中华人民共和国劳动合同法实施条例	◎ 劳动者达到法定退休年龄的，劳动合同终止。	2008.9.18
上海市人力资源和社会保障局沪人社规〔2023〕5号	关于灵活就业人员参加本市职工基本养老、职工基本医疗保险有关问题的通知	◎ 灵活就业人员男性年满60周岁、女性年满55周岁，缴费年限(含视同缴费年限，下同)满15年的，可以申请按月领取基本养老金，符合国家和本市规定条件的，月基本养老金计发按照本市企业职工基本养老保险办法的规定执行；缴费年限不满15年，待遇领取地按照国家和本市规定确定在本市的，可以继续缴费至满15年后申请按月领取基本养老金。	2023.5.1 ～ 2028.4.30

(续表)

文　号	标　题	内　容　摘　要	执行时间
上海市人力资源和社会保障局沪人社养〔2021〕358号	关于外籍人员、获得境外永久(长期)居留权人员和香港澳门台湾居民在沪就业期间参加职工社会保险有关问题的通知	◎ 外籍和港澳台等人员在本市参保后，男年满60周岁、女年满55周岁，达到国家规定最低缴费年限的，可以申领基本养老金，按企业办法计发养老待遇；未达最低缴费年限的，可以按规定继续缴费，或选择终止基本养老保险关系。	2021.8.16
中华人民共和国主席令第25号	中华人民共和国社会保险法（2018修正）	◎ 参加基本养老保险的个人，达到法定退休年龄时累计缴费满十五年的，按月领取基本养老金。 参加基本养老保险的个人，达到法定退休年龄时累计缴费不足十五年的，可以缴费至满十五年，按月领取基本养老金；也可以转入新型农村社会养老保险或者城镇居民社会养老保险，按照国务院规定享受相应的养老保险待遇。	2018.12.29

三、职工退职条件

文　号	标　题	内　容　摘　要	执行时间
上海市人民政府令第63号	上海市城镇职工养老保险办法	本办法实施前参加工作、到达退休年龄时连续工龄(包括缴费年限)满5年不满10年的人员，应该退职；连续工龄满5年、因病或者非因工致残的在职人员，经劳动鉴定委员会确认完全丧失劳动能力的，可以退职。	1994.6.1 1997.12.19 第一次修正 2010.12.20 第二次修正

注：(1)本办法实施前系指1992年底前参加工作；(2)按本市有关规定，办理退职还须因病连续停止工作一年以上，男年满50周岁，女满45周岁的人员。

四、特殊工种人员退休条件

文　号	标　题	内　容　摘　要	执行时间
上海市人力资源和社会保障局沪劳保养发〔2000〕29号	关于本市从事特殊工种人员办理退休手续若干问题的通知	◎ 按特殊工种退休条件办理退休手续的人员必须同时符合下列条件： 1. 男满55周岁，女满45周岁； 2. 1992年底以前参加工作，连续工龄(不含折算工龄)和1993年1月以后的实际缴费年限满10年，个体工商户及其帮工、自由职业人员满15年； 3. 在高空和特别繁重体力劳动工种岗位上工作累计满10年、在井下和高温工种岗位上工作累计满9年、在其他有害身体健康工种岗位上工作累计满8年； 曾经从事过两个及以上特殊工种的人员，可将两个及以上特殊工种的实际工作年限相加，退休条件按从事特殊工种要求工作年限长的规定掌握； 4. 符合国家和本市规定的其他条件。	2000.5.24 ～ 2026.8.15

五、各类人才柔性延迟办理申领基本养老金

文　号	标　题	内　容　摘　要	执行时间
上海市人力资源和社会保障局沪人社养发〔2010〕47号	上海市人力资源和社会保障局关于本市企业各类人才柔性延迟办理申领基本养老金手续的试行意见	◎ 符合本试行意见的人员，延迟办理申领基本养老金手续的年龄，男性一般不超过65周岁，女性一般不超过60周岁。 ◎ 劳动者到达退休年龄时，劳动合同依法终止。企业与符合意见规定延迟办理申领基本养老金手续条件的人员可协商签订相关工作协议。 ◎ 工作协议中约定了履行期限的，协议到期终止。工作协议履行过程中双方协商一致的，可以解除协议。此外，双方也可以在协议中约定解除或终止的条件等其他内容。	2010.10.1 ～ 2025.8.15

(续表)

文号	标题	内容摘要	执行时间
上海市人力资源和社会保障局沪人社养发[2010]47号	上海市人力资源和社会保障局关于本市企业各类人才柔性延迟办理申领基本养老金手续的试行意见	◎ 工作协议解除、终止时,劳动者申领基本养老金的条件即时成立,企业应当为延迟申领基本养老金人员办理申领基本养老金手续。 ◎ 企业及个人按规定缴纳基本养老保险费和工伤保险费,不再缴纳医疗、失业及生育保险费。 ◎ 医疗保险待遇按照到达法定退休年龄领取基本养老金人员的医疗保险待遇规定执行。 ◎ 延迟期间发生工伤事故的,按照本市工伤保险有关规定享受相应工伤保险待遇。 ◎ 延迟期间因病或非因工死亡的,丧葬补助金按照本市企业退休人员因病或非因工死亡后相关规定执行,所需费用由本市城镇基本养老保险统筹基金支付。	2010.10.1 ~ 2025.8.15

六、养老金的计发方法

文号	标题	内容摘要	执行时间
上海市人力资源和社会保障局沪人社规[2021]32号	关于本市企业基本养老金计发办法的通知	◎ 参加本市企业职工基本养老保险的人员,达到法定退休年龄时累计缴费满15年,按照规定办理申领基本养老金手续后,按月发给基本养老金。 ◎ 基本养老金由基础养老金和个人账户养老金组成。 　(一)基础养老金按照本人办理申领基本养老金手续时上年度全市职工月平均工资和本人指数化月平均缴费工资的平均值为基数,缴费每满1年发给1%(详见附表一)。	2022.1.1 ~ 2026.12.31

(续表)

文　号	标　题	内　容　摘　要	执行时间
上海市人力资源和社会保障局沪人社规〔2021〕32号	关于本市企业基本养老金计发办法的通知	（二）个人账户养老金按照本人办理申领基本养老金手续时个人账户储存额除以国家规定的计发月数（详见附表二）确定。 ◎ 1992年底以前参加工作的参保人员，根据"合理衔接、平稳过渡"的原则，在发给基础养老金和个人账户养老金的基础上，再发给过渡性养老金。 过渡性养老金先按照本人1992年底以前视同缴费年限每满1年发给办理申领基本养老金手续时上年度全市职工月平均工资的1.2%，再按照本人办理基本养老金申领手续时1993年到1997年5年内个人账户储存额对应的"虚账实记"总额除以120，两者相加计发。	2022.1.1 ～ 2026.12.31

附一：基础养老金计算公式

基础养老金＝（办理申领基本养老金手续时上年度全市城镇单位就业人员月平均工资＋本人指数化月平均缴费工资）÷2×缴费年限（含视同缴费年限）×1%

本人指数化月平均缴费工资＝办理申领基本养老金手续时上年度全市城镇单位就业人员月平均工资×本人月平均缴费工资指数

本人月平均缴费工资指数＝$(Z_1+Z_2+\cdots+Z_{m-1}+Z_m+1\times n)\div N$

Z_1、$Z_2\cdots Z_{m-1}$、Z_m为参保人员的月缴费工资指数。月缴费工资指数按照参保人员退休前1月、2月……$m-1$月、m月本人实际月缴费工资基数除以对应的本市上年度全市城镇单位就业人员月平均工资计算（计算结果保留四位小数）。

n为参保人员视同缴费年限的月数。视同缴费年限的月缴费工资指数统一按照1计算。

N为参保人员累计缴费年限的月数（含视同缴费年限的月数）。

附二：个人账户养老金计发月数表

退休年龄	计发月数	退休年龄	计发月数
40	233	56	164
41	230	57	158
42	226	58	152
43	223	59	145
44	220	60	139
45	216	61	132
46	212	62	125
47	208	63	117
48	204	64	109
49	199	65	101
50	195	66	93
51	190	67	84
52	185	68	75
53	180	69	65
54	175	70	56
55	170		

七、城镇养老保险转移接转办法

文号	标题	内容摘要		执行时间
国务院办公厅国办发[2009]66号	关于转发城镇企业职工基本养老保险关系转移接续暂行办法的通知	参保人员跨省流动就业的，由原参保所在地社保经办机构开具参保缴费凭证，随同转移到新参保地。参保人员达到基本养老保险待遇领取条件的，其在各地的参保缴费年限合并计算，个人账户储存额（含本息）累计计算；未达到待遇领取年龄前，不得终止基本养老保险关系并办理退保手续。		2010.1.1
		转移资金计算	个人账户储存额	1998年1月1日之前按个人缴费累计本息计算转移，1998年1月1日后按计入个人账户的全部储存额计算转移。
			统筹基金（单位缴费）	以本人1998年1月1日后各年度实际缴费工资为基数，按12%的总和转移，参保缴费不足1年的，按实际缴费月数计算转移。
		转移办法		参保人员返回户籍所在地（省、自治区、直辖市，下同）就业参保的，户籍所在地的相关社保经办机构应为其及时办理转移接续手续。
				参保人员未返回户籍所在地就业参保的，由新参保地的社保经办机构为其及时办理转移接续手续。但对男性年满50周岁和女性年满40周岁的，应在原参保地继续保留基本养老保险关系，同时在新参保地建立临时基本养老保险缴费账户，记录单位和个人全部缴费。参保人员再次跨省流动就业或达到待遇领取条件时，将临时基本养老保险缴费账户中的全部缴费本息，转归集到新参保地或待遇领取地。
				参保人员经县级以上党委组织部门、人力资源社会保障行政部门批准调动，且与调入单位建立劳动关系并缴纳基本养老保险费的，不受այ年龄规定限制，应由调入地及时办理基本养老保险关系转移接续手续。

(续表)

文号	标题	内容摘要	执行时间
国务院办公厅国办发[2009]66号	关于转发城镇企业职工基本养老保险关系转移接续暂行办法的通知	领取条件：基本养老保险关系在户籍所在地不在户籍所在地的，由户籍所在地负责办理待遇领取手续，享受基本养老保险待遇。基本养老保险关系不在户籍所在地，而在其基本养老保险关系所在地累计缴费年限满10年的，在该地办理待遇领取手续，享受当地基本养老保险待遇。基本养老保险关系不在户籍所在地，且在其基本养老保险关系所在地累计缴费年限不满10年的，将其基本养老保险关系转回上一个缴费年限满10年的原参保地办理待遇领取手续，享受基本养老保险待遇。基本养老保险关系不在户籍所在地，且在每个参保地的累计缴费年限均不满10年的，将其基本养老保险关系及相应资金归集到户籍所在地，由户籍所在地按规定办理待遇领取手续，享受基本养老保险待遇。	2010.1.1
人力资源社会保障部人社部规[2016]5号	关于城镇企业职工基本养老保险关系转移接续若干问题的通知	◎一地（以省、自治区、直辖市为单位）的累计缴同缴费年限包括在本地的实际缴费年限和计算在本地的视同缴费年限。其中，曾经在机关事业单位工作的视同缴费年限，计算为当时的工作地的视同缴同缴费年限；在多地有视同缴费年限的，分别计算为各地的视同缴费年限。◎关于一次性缴纳养老保险费超过3年（含）的，跨省流动就业人员，转出地应向转入地提供人民法院、审计部门、实施劳动保障监察的行政部门或劳动争议仲裁委员会出具的具有法律效力证明，一次性缴费期间存在劳动关系的相应文书。◎关于重复领取基本养老金的处理。《城镇企业职工基本养老保险关系转移接续暂行办法》实施之后重复领取基本养老保险待遇的参保人员，由本人与社会保险经办机构协商确定保留其他的养老保险关系，其他的养老保险关系经办机构归集清理，个人账户剩余部分一次性退还本人。◎关于国家规定达到待遇领取条件时待遇领取地为户籍地的，户籍地社会保险经办机构应为按规定办理一个养老保险登记手续并继续领取养老保险待遇。跨省流动就业人员未在户籍地参保，但参保人员办理待遇领取手续时，户籍人员社会保险经办机构确定予以清理，将各地养老保险关系归集至户籍地，并核发相应的养老保险待遇。	2016.11.28

第十三章　医疗保险

一、医疗保险缴费比例和缴费基数

文　号	标　题	内　容　摘　要	执行时间
上海市人民政府令第8号	上海市职工基本医疗保险办法	◎ 在职职工的缴费基数为本人上一年度月平均工资。本人上一年度月平均工资超过上一年度本市在职职工月平均工资300%的，超过部分不计入缴费基数；低于上一年度本市在职职工月平均工资60%的，以上一年度本市在职职工月平均工资的60%为缴费基数。 ◎ 在职职工个人应当按照其缴费基数2%的比例，缴纳基本医疗保险费。 ◎ 用人单位的缴费基数为本单位职工缴费基数之和。	2013.12.1
上海市医疗保障局沪医保规[2024]1号	关于阶段性调整本市职工基本医疗保险费费率的通知	◎ 职工基本医疗保险单位缴费费率由原10%调整至9%。其中，单位缴纳地方附加医疗保险费的比例由原来的1.5%调整为0.5%，单位缴纳基本医疗保险费的比例及个人缴费比例不作调整。 ◎ 本市灵活就业人员缴纳职工基本医疗保险费的比例由11%调整为10%。	2024.3.1 ～ 2025.2.28

二、医疗保险个人账户计入标准

文号	标题	内　容　摘　要			执行时间
上海市医疗保障局沪医保规[2024]3号	关于本市职工基本医疗保险2024医保年度转换有关事项的通知	在职职工	本人参保缴费基数的2%		2024.6.21 ～ 2025.6.30
		退休人员（统筹基金支付）	年龄分档	计入标准（元）	
			74岁以下	1 680	
			75岁以上	1 890	

注：个人账户可以用于支付参保人员本人及其配偶、父母、子女在定点医疗机构就医发生的由个人负担的医疗费用，以及在定点零售药店购买药品、医疗器械、医用耗材发生的由个人负担的费用。具体操作详见《关于实施本市职工基本医疗保险个人账户历年结余资金家庭共济使用有关事项的通知》（沪医保规[2022]4号）。

三、门急诊和住院医疗费用

类别	门急诊医疗费用					住院医疗费用		
	账户段	自负段	共负段(%)			起付线	共负段(%)	
			医院	医保	个人		医保	个人
在职职工	用完个人账户当年计入金额	500	一级	80	20	1 500	85	15
			二级	75	25			
			三级	70	30			
2001年1月1日后退休人员		300	一级	85	15	1 200	92	8
			二级	80	20			
			三级	75	25			
2000年12月31日前退休人员		200	一级	90	10	700		
			二级	85	15			
			三级	80	20			

注:1. 规定文件:(1)上海市人民政府令8号《上海市职工基本医疗保险办法》;(2)沪府办规[2021]18号《健全上海市职工基本医疗保险门诊共济保障机制实施办法》;(3)沪医保规[2024]3号《关于本市职工基本医疗保险2024医保年度转换有关事项的通知》。

2. 如个人账户有历年结余资金的,先由历年结余资金支付自负段标准部分的医疗费用以及共负段由医保基金支付后其剩余部分的医疗费用,不足部分由参保人员自负。

3. 住院医疗费用起付线以下部分由个人自负。

4. 职工医保统筹基金用于支付门急诊、住院、门诊大病、家庭病床,以及纳入门诊统筹管理的定点零售药店等发生的医疗费用。2024医保年度,职工医保统筹基金的最高支付限额从61万元提高到63万元;统筹基金最高支付限额以上的医疗费用,仍由地方附加医疗保险基金支付80%,其余部分由职工自负。

四、门诊大病和家庭病床医疗费用

文号	标题	内容摘要				执行时间
上海市人民政府令第8号	上海市职工基本医疗保险办法		门诊大病		职工家庭病床		2013.12.1
			医保(%)	自负(%)	医保(%)	自负(%)	
		在职职工	85	15	80	20	
		退休人员	92	8	80	20	

五、使用药品的费用支付

文号	标题	内容摘要	执行时间
上海市人力资源和社会保障局等5部门沪医保医管发〔2023〕40号	关于印发《上海市基本医疗保险、工伤保险和生育保险药品目录(2023年)》的通知	◎《上海药品目录》分凡例、西药、中成药、协议期内谈判药和中药饮片五部分。 ◎ 本市基本医疗保险参保人员使用按定额标准自负药品,个人定额自负部分的具体标准经本市医保部门综合考虑药品采购价格、医保基金运行状况、患者合理分担机制等因素后确定,并通过本市医保经办机构公布执行。个人定额自负部分,先由个人医疗账户资金支付,不足部分由个人现金支付。 ◎ 本市基本医疗保险参保人员使用属于基本医疗保险支付范围内的中药饮片所发生的费用,参照甲类药品支付。 ◎ 本市工伤保险和生育保险参保人员使用《上海药品目录》内西药和中成药,以及属于医保支付范围的中药饮片所发生的费用,按照工伤保险和生育保险的有关规定支付。	2024.1.1

六、医疗保险综合减负办法

文号	标题	内容摘要	执行时间
上海市人力资源和社会保障局沪人社医发〔2016〕46号	关于印发《上海市职工基本医疗保险综合减负实施办法》的通知	◎ 适用对象 　　本实施办法适用于参加本市职工基本医疗保险的在职职工和退休人员（以下统称"参保人员"）。 ◎ 适用条件 　　参保人员年自负医疗费累计超过其年收入一定比例的部分，实行医保综合减负，具体如下： 　　（一）因患大病或大部分丧失劳动能力原因无法就业的协议保留社会保险关系人员，年自负医疗费累计超过本市上年度最低生活标准25%以上的部分； 　　（二）在职职工年收入在本市上年度职工最低工资标准80%及以下的，年自负医疗费累计超过本市上年度职工最低工资标准80%的25%以上的部分； 　　（三）在职职工年收入在本市上年度职工最低工资标准80%至最低工资标准之间的，年自负医疗费累计超过其年收入25%以上的部分； 　　（四）在职职工年收入在本市上年度职工最低工资标准以上、职工年平均工资1.5倍以下的，年自负医疗费累计超过其年收入30%以上的部分； 　　（五）在职职工年收入在本市上年度职工年平均工资1.5倍以上、3倍以下的，年自负医疗费累计超过其年收入40%以上的部分； 　　（六）退休人员年养老金在本市上年度职工最低工资标准80%及以下的，年自负医疗费累计超过本市上年度职工最低工资标准80%的25%以上的部分； 　　（七）退休人员年养老金在本市上年度职工最低工资标准80%至最低工资标准之间的，年自负医疗费累计超过其年养老金25%以上的部分；	2016.9.22 ~ 2026.9.21

(续表)

文号	标题	内容摘要	执行时间
上海市人力资源和社会保障局沪人社医发〔2016〕46号	关于印发《上海市职工基本医疗保险综合减负实施办法》的通知	（八）退休人员年养老金在本市上年度职工最低工资标准以上的,年自负医疗费累计超过其年养老金30%以上的部分。 ◎ 综合减负标准及范围 （一）符合医保综合减负条件的参保人员,年自负医疗费累计超过本实施办法第二条规定比例的,超过部分的自负医疗费减负90%。 （二）年自负医疗费是指在一个医保年度内,按照本市基本医疗保险规定现金自负的医疗费,即符合基本医疗保险诊疗项目、医疗服务设施和用药范围以及支付标准的医疗费中,按规定由个人现金自负的医疗费,其中包括诊疗项目分类自负的医疗费用、B等病房分类自负的床位费,以及使用本市基本医疗保险药品目录中乙类药品分类自负的药品费用。 （三）年累计自负医疗费,不包括以下各项费用： 1. 按照本市医疗保险其他减负规定减负的医疗费。 2. 按照本市公务员医疗补助规定补助的医疗费。 3. 按照市总工会医疗互助保障计划规定报销的医疗费。	2016.9.22 ~ 2026.9.21

七、跨省异地购药直接结算试点

文号	标题	内容摘要	执行时间
沪医保医管发〔2023〕24号	关于开展本市基本医疗保险跨省异地购药直接结算试点工作的通知	◎ 本市参保人员按规定在异地定点联网零售药店发生的属于基本医疗保险支付范围的药品费用,先由其个人医疗账户当年计入资金和历年结余资金支付,不足部分由个人支付至自负段标准。	2023.9.1

第十四章　生育保险

一、生育生活津贴

文　号	标　题	内　容　摘　要	执行时间
上海市医保局沪医保规[2021]9号	关于进一步做好生育保险有关工作的通知	◎ 从业妇女生育生活津贴计发标准： （1）月生育生活津贴标准为本人生育或者流产当月所在用人单位的上年度职工月平均工资。若生育或者流产时所在用人单位的上年度职工月平均工资超过上年度本市全口径城镇单位就业人员月平均工资300％的，按300％计发；低于上年度本市全口径城镇单位就业人员月平均工资60％的，按60％计发。 （2）生育或者流产前12个月内变动工作单位的，其月生育生活津贴按照前12个月内所工作的各用人单位的上年度职工月平均工资的加权平均数计发。 （3）生育生活津贴标准低于本人产假前工资标准的，差额部分由其生育或者流产时所在用人单位按国家规定支付。 ◎ 从业妇女生育生活津贴支付规则： （1）生育或者流产当月，用人单位为其缴纳本市职工基本医疗保险（含生育保险）或者原本市城镇生育保险累计满12个月或者连续满9个月的，其生育生活津贴由本市职工基本医疗保险（含生育保险）基金，按前述标准支付。 （2）生育或者流产当月，用人单位累计缴费不满12个月且连续缴费不满9个月的，其生育生活津贴以前述标准为基数，由本市职工基本医疗	2021.7.1～2026.6.30

第十四章　生育保险

(续表)

文号	标题	内容摘要	执行时间
上海市医保局沪医保规[2021]9号	关于进一步做好生育保险有关工作的通知	保险(含生育保险)基金按已缴费月数÷12后所得的比例支付,剩余部分由从业妇女生育或者流产时所在用人单位先行垫付。 (3)用人单位为其累计缴费满12个月或者连续缴费满9个月后,先行垫付单位可向参保所在地的区医疗保险事务中心申请拨付已先行垫付的费用。 (4)生育或者流产时所在用人单位的上年度职工月平均工资高于上年度本市全口径城镇单位就业人员月平均工资300%的,高出部分由用人单位支付。	2021.7.1 ～ 2026.6.30
上海市医保局沪医保规[2023]12号	关于失业人员参加本市职工基本医疗保险(含生育保险)有关事项的通知	◎失业妇女生育生活津贴计发标准： 领取失业保险金期间生育或者流产的妇女,可按本市生育保险相关规定享受生育生活津贴和生育医疗费补贴,其中,生育生活津贴按照本市上年度全口径城镇单位就业人员平均工资的60%计发。2024年1月1日前已参加过本市职工基本医疗保险且符合原失业妇女生育保险待遇享受条件的人员,生育或者流产时未领取失业保险金的,继续享受生育生活津贴和生育医疗费补贴,月生育生活津贴按2 892元计发。 ◎失业人员的生育保险待遇由职工基本医疗保险(含生育保险)基金支付。	2024.1.1 ～ 2028.12.31

注：(1)生育生活津贴计发天数详见本书P36中的"产假"、"生育假"部分。
　　(2)根据《上海市妇女权益保障条例》规定,女职工依照国家和本市规定享受生育保险待遇。未就业妇女、领取失业保险金的妇女、灵活就业妇女按照国家和本市相关规定参加基本医疗保险,享受相应的生育待遇。

二、生育医疗费补贴及生殖健康

文 号	标 题	内 容 摘 要		执行时间
上海市医保局沪医保待遇发〔2024〕11号	关于调整本市生育医疗费补贴标准有关问题的通知	生育	4 500元	2024.6.1
		妊娠4个月以上（含4个月）自然流产	800元	
		妊娠不满4个月自然流产	600元	
		危重孕产妇	8 300元	

注：2022年1月17日起，"分娩镇痛"项目正式纳入本市医保支付范围。2024年6月1日起，本市将部分治疗性辅助生殖技术项目纳入医保、工伤保险支付范围（沪医保医管发〔2024〕9号）。

第十五章 工伤保险

一、工伤保险缴费比例和缴费基数

文　号	标　题	内　容　摘　要	执行时间
中华人民共和国国务院令第586号	工伤保险条例（2010修订）	◎中华人民共和国境内的企业、事业单位、社会团体、民办非企业单位、基金会、律师事务所、会计师事务所等组织和有雇工的个体工商户应当依照本条例规定参加工伤保险，为本单位全部职工或者雇工缴纳工伤保险费。 中华人民共和国境内的企业、事业单位、社会团体、民办非企业单位、基金会、律师事务所、会计师事务所等组织的职工和个体工商户的雇工，均有依照本条例的规定享受工伤保险待遇的权利。	2011.1.1
上海市人民政府令第93号	上海市工伤保险实施办法（2012）	◎用人单位缴纳工伤保险费的基数，按照本单位缴纳城镇基本养老保险费的基数确定。 ◎对发生工伤事故的用人单位，在基础费率的基础上，按照规定实行浮动费率。 ◎工伤保险费浮动的具体办法，由市人力资源和社会保障局会同市财政、卫生、安全生产监督管理等部门拟订，报市人民政府批准后执行。 ◎从业人员个人不缴纳工伤保险费。	2013.1.1
上海市人力资源和社会保障局、上海市财政局沪人社福发〔2016〕3号	关于调整本市工伤保险费率等问题的通知	◎自2015年10月1日起，本市工伤保险实行行业基准费率，并根据用人单位工伤保险支缴率和工伤事故发生率等因素实行浮动费率。 ◎用人单位的行业工伤风险类别按照国家规定划分为一类至八类（见附件）。社会保险经办机构根据用人单位登记注册和主要经营生产业务等情况确定其行业工伤风险类别。劳务派遣单位统一按二类行业工伤风险类别确定。	2016.1.21～2025.12.31

(续表)

文号	标题	内容摘要	执行时间
上海市人力资源和社会保障局、上海市财政局沪人社福发〔2016〕3号	关于调整本市工伤保险费率等问题的通知	◎ 本市一类至八类行业用人单位基准费率按照全国工伤保险行业基准费率规定执行,即分别为该行业用人单位工伤保险缴费基数的0.2%、0.4%、0.7%、0.9%、1.1%、1.3%、1.6%、1.9%,并按照"以支定收、收支平衡"的原则适时调整。 为进一步减轻用人单位工伤保险缴费负担,自2015年10月1日起,本市二类至八类行业用人单位的工伤保险费率先行下浮一档按本行业基准费率的80%执行,即一类至八类行业分别按该行业用人单位工伤保险缴费基数的0.2%、0.32%、0.56%、0.72%、0.88%、1.04%、1.28%、1.52%缴费。 ◎ 用人单位登记注册内容及主要经营生产业务发生变化需调整行业类别的,应持营业执照及有关证明材料,及时到社会保险经办机构办理变更行业类别手续,并从变更后的次月起调整工伤保险费率。	2016.1.21~2025.12.31
上海市人力资源和社会保障局沪人社规〔2023〕9号	关于继续阶段性降低本市城镇职工社会保险费率的通知	◎ 从2023年5月1日至2024年12月31日,本市一类至八类行业用人单位工伤保险基准费率,继续在国家规定的行业基准费率基础上下调20%。社会保险经办机构按照规定考核用人单位浮动费率时,按照调整后的行业基准费率执行。	2023.5.1~2024.12.31

二、工伤保险浮动费率计算方法

文　号	标　题	内　容　摘　要	执行时间
上海市人力资源和社会保障局、上海市财政局沪人社福发〔2016〕4号	关于印发《上海市工伤保险浮动费率管理办法》的通知	◎ 本办法所称的浮动费率,是指社会保险经办机构在用人单位按行业基准费率缴纳工伤保险费的基础上,根据用人单位上年度的工伤保险支缴率和工伤事故发生率等因素,核定其在本年度应当浮动的工伤保险缴费比例。 　　工伤保险支缴率,是指一个自然年度内,工伤保险基金支付的工伤保险待遇费用占该单位按行业基准费率缴纳工伤保险费的比例。 ◎ 用人单位属于一类行业的,费率分为三个档次,即在行业基准费率0.2%的基础上可向上浮动至120%、150%,不实行费率下浮;用人单位属于二类至八类行业的,费率各分为五个档次,即在行业基准费率0.4%、0.7%、0.9%、1.1%、1.3%、1.6%、1.9%的基础上,可分别向上浮动至120%、150%或向下浮动至80%、50%。 ◎ 用人单位费率浮动档次按照下列考核指标确定: 　　(一)工伤保险支缴率≤200%,费率在本行业基准费率基础上下浮一档; 　　(二)200%＜工伤保险支缴率≤400%,费率按本行业基准费率执行; 　　(三)400%＜工伤保险支缴率≤600%,费率在本行业基准费率基础上上浮一档; 　　(四)工伤保险支缴率＞600%,费率在本行业基准费率基础上上浮两档; 　　(五)本办法实施后连续五年内工伤保险支缴率为零的,费率在本行业基准费率基础上下浮两档。 ◎ 达到市级以上安全生产标准化企业或被评为市级以上劳动关系和谐示范单位称号的企业,在其达标或获得称号后的三年内工伤保险支缴率首次大于200%时,给予下浮一档考核。 ◎ 用人单位符合本办法第五条第(五)项规定,但考核年度内有下列情形之一的,下一年度工伤保险费率不得下浮:	2016.1.21 ～ 2025.12.31

(续表)

文号	标题	内容摘要	执行时间
上海市人力资源和社会保障局、上海市财政局沪人社福发[2016]4号	关于印发《上海市工伤保险浮动费率管理办法》的通知	（一）用人单位欠缴工伤保险费的； （二）用人单位骗取工伤保险待遇的； （三）用人单位少报、漏报、瞒报缴费工资总额或者从业人员人数的。 ◎ 不计入用人单位工伤保险支缴率的考核范围： （一）从业人员在抢险救灾等维护国家利益、公共利益活动中受到伤害发生的费用； （二）从业人员原在军队服役，因战、因公负伤致残，已取得革命伤残军人证，到用人单位后旧伤复发发生的费用； （三）从业人员在上下班途中，受到非本人主要责任的交通事故或者城市轨道交通、客运轮渡、火车事故伤害发生的费用； （四）从业人员在工作时间和工作场所内，因履行工作职责受到暴力等意外伤害发生的费用； （五）非正规就业劳动组织或者10人以下用人单位的从业人员，因工作遭受事故伤害或者患职业病发生的费用； （六）高等院校、科研院所等事业单位的科研人员根据《关于完善本市科研人员双向流动的实施意见》（沪人社专发[2015]40号）规定在创业孵化期内，因工作遭受事故伤害或者患职业病发生的费用； （七）按建设项目参加工伤保险的建设施工企业从业人员，因工作遭受事故伤害或者患职业病发生的费用； （八）工伤人员在工伤康复定点机构进行住院工伤康复的费用； （九）由于第三人的原因造成工伤的，工伤保险基金先行支付的费用。 ◎ 劳务派遣从业人员在劳务派遣期间因工作遭受事故伤害或者患职业病的，由实际用工单位承担浮动费率责任。 ◎ 浮动费率由社会保险经办机构根据本办法的规定每年核定一次，并在核定用人单位缴费基数时同步调整。	2016.1.21 ～ 2025.12.31

三、工伤认定

文号	标题	内容摘要	执行时间
上海市人民政府令第93号	上海市工伤保险实施办法（2012）	◎ 从业人员有下列情形之一的,应当认定为工伤： （一）在工作时间和工作场所内,因工作原因受到事故伤害的； （二）工作时间前后在工作场所内,从事与工作有关的预备性或者收尾性工作受到事故伤害的； （三）在工作时间和工作场所内,因履行工作职责受到暴力等意外伤害的； （四）患职业病的； （五）因工外出期间,由于工作原因受到伤害或者发生事故下落不明的； （六）在上下班途中,受到非本人主要责任的交通事故或者城市轨道交通、客运轮渡、火车事故伤害的； （七）法律、行政法规规定应当认定为工伤的其他情形。 ◎ 从业人员有下列情形之一的,视同工伤： （一）在工作时间和工作岗位,突发疾病死亡或者在48小时之内经抢救无效死亡的； （二）在抢险救灾等维护国家利益、公共利益活动中受到伤害的； （三）从业人员原在军队服役,因战、因公负伤致残,已取得革命伤残军人证,到用人单位后旧伤复发的。 ◎ 有下列情形之一的,不得认定为工伤或者视同工伤： （一）故意犯罪的； （二）醉酒或者吸毒的； （三）自残或者自杀的。	2013.1.1
最高人民法院法释〔2014〕9号	最高人民法院关于审理工伤保险行政案件若干问题的规定	◎ 社会保险行政部门认定下列单位为承担工伤保险责任单位的,人民法院应予支持： （一）职工与两个或两个以上单位建立劳动关系,工伤事故发生时,职工为之工作的单位为承担工伤保险责任的单位； （二）劳务派遣单位派遣的职工在用工单位工作期间因工伤亡的,派遣单位为承担工伤保险责任的单位；	2014.9.1

(续表)

文号	标题	内容摘要	执行时间
最高人民法院法释〔2014〕9号	最高人民法院关于审理工伤保险行政案件若干问题的规定	（三）单位指派到其他单位工作的职工因工伤亡的，指派单位为承担工伤保险责任的单位； （四）用工单位违反法律、法规规定将承包业务转包给不具备用工主体资格的组织或者自然人，该组织或者自然人聘用的职工从事承包业务时因工伤亡的，用工单位为承担工伤保险责任的单位； （五）个人挂靠其他单位对外经营，其聘用的人员因工伤亡的，被挂靠单位为承担工伤保险责任的单位。 前款第(四)、(五)项明确的承担工伤保险责任的单位承担赔偿责任或者社会保险经办机构从工伤保险基金支付工伤保险待遇后，有权向相关组织、单位和个人追偿。 ◎ 社会保险行政部门认定下列情形为工伤的，人民法院应予支持： （一）职工在工作时间和工作场所内受到伤害，用人单位或者社会保险行政部门没有证据证明是非工作原因导致的； （二）职工参加用人单位组织或者受用人单位指派参加其他单位组织的活动受到伤害的； （三）在工作时间内，职工来往于多个与其工作职责相关的工作场所之间的合理区域因工受到伤害的； （四）其他与履行工作职责相关，在工作时间及合理区域内受到伤害的。 ◎ 社会保险行政部门认定下列情形为"因工外出期间"的，人民法院应予支持： （一）职工受用人单位指派或者因工作需要在工作场所以外从事与工作职责有关的活动期间； （二）职工受用人单位指派外出学习或者开会期间；	2014.9.1

(续表)

文号	标题	内容摘要	执行时间
最高人民法院法释[2014]9号	最高人民法院关于审理工伤保险行政案件若干问题的规定	（三）职工因工作需要的其他外出活动期间。 职工因工外出期间从事与工作或者受用人单位指派外出学习、开会无关的个人活动受到伤害,社会保险行政部门不认定为工伤的,人民法院应予支持。 ◎ 对社会保险行政部门认定下列情形为"上下班途中"的,人民法院应予支持: （一）在合理时间内往返于工作地与住所地、经常居住地、单位宿舍的合理路线的上下班途中; （二）在合理时间内往返于工作地与配偶、父母、子女居住地的合理路线的上下班途中; （三）从事属于日常工作生活所需要的活动,且在合理时间和合理路线的上下班途中; （四）在合理时间内其他合理路线的上下班途中。	2014.9.1
人力资源社会保障部人社部发[2016]29号	关于执行《工伤保险条例》若干问题的意见（二）	◎ 职工在参加用人单位组织或者受用人单位指派参加其他单位组织的活动中受到事故伤害的,应当视为工作原因,但参加与工作无关的活动除外。 ◎ 职工因工作原因驻外,有固定的住所、有明确的作息时间,工伤认定时按照在驻在地当地正常工作的情形处理。 ◎ 职工以上下班为目的、在合理时间内往返于工作单位和居住地之间的合理路线,视为上下班途中。 ◎ 用人单位注册地与生产经营地不在同一统筹地区的,原则上应在注册地为职工参加工伤保险;未在注册地参加工伤保险的职工,可由用人单位在生产经营地为其参加工伤保险。 劳务派遣单位跨地区派遣劳动者,应根据《劳务派遣暂行规定》参加工伤保险。建筑施工企业按项目参保的,应在施工项目所在	2016.3.28

(续表)

文　号	标　题	内　容　摘　要	执行时间
人力资源社会保障部人社部发〔2016〕29号	关于执行《工伤保险条例》若干问题的意见（二）	地参加工伤保险。 　　职工受到事故伤害或者患职业病后，在参保地进行工伤认定、劳动能力鉴定，并按照参保地的规定依法享受工伤保险待遇；未参加工伤保险的职工，应当在生产经营地进行工伤认定、劳动能力鉴定，并按照生产经营地的规定依法由用人单位支付工伤保险待遇。 ◎《工伤保险条例》第六十七条规定的"尚未完成工伤认定的"，是指在《工伤保险条例》施行前遭受事故伤害或被诊断鉴定为职业病，且在工伤认定申请法定时限内（从《工伤保险条例》施行之日起算）提出工伤认定申请，尚未做出工伤认定的情形。	2016.3.28

四、工伤认定申请

文　号	标　题	内　容　摘　要	执行时间
上海市人民政府令第93号	上海市工伤保险实施办法(2012)	◎ 工伤认定申请期限 　　（1）从业人员发生事故伤害或者按照职业病防治法规定被诊断、鉴定为职业病，所在单位应当自事故伤害发生之日或者被诊断、鉴定为职业病之日起30日内，向用人单位所在地的区、县人力资源和社会保障局提出工伤认定申请。遇有特殊情况，经报区、县人力资源和社会保障局同意，申请时限可以适当延长。 　　（2）用人单位未按照前款规定提出工伤认定申请的，从业人员或者其近亲属、工会组织在事故伤害发生之日或者被诊断、鉴定为职业病之日起1年内，可以直接向用人单位所在地的区、县人力资源和社会保障局提出工伤认定申请。	2013.1.1

(续表)

文号	标题	内容摘要	执行时间
上海市人民政府令第93号	上海市工伤保险实施办法(2012)	（3）用人单位未在规定的时限内提出工伤认定申请的,在此期间发生符合本办法规定的工伤待遇等有关费用,由该用人单位负担。 ◎ 工伤认定申请材料: 提出工伤认定申请,应当提交下列材料: （1）工伤认定申请表; （2）与用人单位存在劳动关系(包括事实劳动关系)的证明材料; （3）医疗诊断证明或者职业病诊断证明书(或者职业病诊断鉴定书)。 工伤认定申请表应当包括事故发生的时间、地点、原因以及从业人员伤害程度等基本情况。 工伤认定申请人在本办法规定时限内提出工伤认定申请时所提供材料不完整的,区、县人力资源和社会保障局应当自收到工伤认定申请之日起10个工作日内,一次性书面告知工伤认定申请人需要补正的全部材料。工伤认定申请人应当在30日内,按照要求补正材料,逾期不补正但未超过法定申请期限的,可以重新提出工伤认定申请。 ◎ 从业人员或者其近亲属认为是工伤,用人单位不认为是工伤的,由用人单位承担举证责任。	2013.1.1
上海市人力资源和社会保障局沪人社规〔2024〕6号	关于本市工伤保险若干问题的意见	◎ 从业人员在注册地与生产经营地均未参加工伤保险,且用人单位生产经营地在本市行政区域内的,由生产经营地所在区的人力资源和社会保障局受理工伤认定申请。 "生产经营地"是指用人单位具体生产、经营、办公所在地;从业人员存在相对固定工作场所的,该工作场所可视为生产经营地。 ◎ 从业人员因病情变化被多次诊断、鉴定为同一职业病的,应以首次被诊断、鉴定之日作为工伤认定申请期限的起算时点;该职业病已被认定为工伤后,再次提出工伤认定申请的,区人力资源和社会保障局不再受理。 ◎ 从业人员原在军队服役,因战、因公负伤致残到用人单位后旧伤复发被认定为视同工伤的,与用人单位解除或者终止劳动人事关系,按照《实施办法》规定享受一次性工伤医疗补助金和一次性伤残就业补助金,工伤保险关系终止;因同一部位旧伤复发再次提出工伤认定申请的,区人力资源和社会保障局不再受理。	2024.5.1～2029.4.30

(续表)

文号	标题	内容摘要	执行时间
人力资源和社会保障部人社部发[2013]34号	人力资源和社会保障部关于执行《工伤保险条例》若干问题的意见	◎ 社会保险行政部门受理工伤认定申请后,发现劳动关系存在争议且无法确认的,应告知当事人可以向劳动人事争议仲裁委员会申请仲裁。在此期间,作出工伤认定决定的时限中止,并书面通知申请工伤认定的当事人。劳动关系依法确认后,当事人应将有关法律文书送交受理工伤认定申请的社会保险行政部门,该部门自收到生效法律文书之日起恢复工伤认定程序。 ◎ 曾经从事接触职业病危害作业、当时没有发现罹患职业病、离开工作岗位后被诊断或鉴定为职业病的符合下列条件的人员,可以自诊断、鉴定为职业病之日起一年内申请工伤认定,社会保险行政部门应当受理: (1)办理退休手续后,未再从事接触职业病危害作业的退休人员; (2)劳动或聘用合同期满后或者本人提出而解除劳动或聘用合同后,未再从事接触职业病危害作业的人员。	2013.4.25
最高人民法院法释[2014]9号	最高人民法院关于审理工伤保险行政案件若干问题的规定	◎ 由于不属于职工或者其近亲属自身原因超过工伤认定申请期限的,被耽误的时间不计算在工伤认定申请期限内。 ◎ 有下列情形之一耽误申请时间的,应当认定为不属于职工或者其近亲属自身原因: (一)不可抗力; (二)人身自由受到限制; (三)属于用人单位原因; (四)社会保险行政部门登记制度不完善; (五)当事人对是否存在劳动关系申请仲裁、提起民事诉讼。	2014.9.1
人力资源社会保障部人社部发[2016]29号	关于执行《工伤保险条例》若干问题的意见(二)	◎ 有下列情形之一的,被延误的时间不计算在工伤认定申请时限内。 (一)受不可抗力影响的; (二)职工由于被国家机关依法采取强制措施等人身自由受到限制不能申请工伤认定的; (三)申请人正式提交了工伤认定申请,但因社会保险机构未登记或者材料遗失等原因造成申请超时限的; (四)当事人就确认劳动关系申请劳动仲裁或提起民事诉讼的; (五)其他符合法律法规规定的情形。	2016.3.28

五、工伤劳动能力鉴定

文号	标题	内容摘要	执行时间
中华人民共和国国务院令第375号	工伤保险条例	◎ 职工发生工伤,经治疗伤情相对稳定后存在残疾、影响劳动能力的,应当进行劳动能力鉴定。 ◎ 劳动能力鉴定是指劳动功能障碍程度和生活自理障碍程度的等级鉴定。 　劳动功能障碍分为十个伤残等级,最重的为一级,最轻的为十级。 　生活自理障碍分为三个等级:生活完全不能自理、生活大部分不能自理和生活部分不能自理。 ◎ 劳动能力鉴定由用人单位、工伤职工或者其近亲属向设区的市级劳动能力鉴定委员会提出申请,并提供工伤认定决定和职工工伤医疗的有关资料。	2004.1.1 2010.12.20 修正
上海市人民政府令第93号	上海市工伤保险实施办法（2012）	◎ 工伤人员的劳动能力鉴定,可以由用人单位、工伤人员或者其近亲属向区、县鉴定委员会提出申请。职业病人员的劳动能力鉴定,向市鉴定委员会提出申请。提出劳动能力鉴定申请的,应当提交下列材料: 　(1)填写完整的劳动能力鉴定申请表; 　(2)工伤认定决定; 　(3)定点医疗机构诊治工伤的有关资料。 ◎ 鉴定委员会根据专家组的鉴定意见,在收到劳动能力鉴定申请之日起60日内作出工伤人员劳动能力鉴定结论。必要时,作出劳动能力鉴定结论的时限可以延长30日。鉴定委员会应当自作出劳动能力鉴定结论之日起15日内,向申请劳动能力鉴定的用人单位、工伤人员或者其近亲属送达劳动能力鉴定结论,并书面告知办理享受工伤保险待遇的手续,提供工伤保险待遇申请表。 ◎ 申请劳动能力鉴定的用人单位、工伤人员或者其近亲属对劳动能力鉴定结论不服的,可以在收到该鉴定结论之日起15日内向市鉴定委员会提出再次鉴定申请。市鉴定委员会作出的再次鉴定结论为最终结论。 ◎ 自劳动能力鉴定结论作出之日起1年后,工伤人员、其近亲属、用人单位或者社保经办机构认为伤残情况发生变化的,可以提出劳动能力复查鉴定申请。	2013.1.1

注:(1)初次鉴定、再次鉴定结论或者复查鉴定结论有变化的,鉴定费用由工伤保险基金承担;(2)伤残等级:一至四级为完全丧失劳动能力;五至六级为大部分丧失劳动能力;七至十级为部分丧失劳动能力。

六、工伤致残待遇

文 号	标 题	内 容 摘 要	执行时间
人力资源社会保障部人社部发〔2016〕29号	关于执行《工伤保险条例》若干问题的意见（二）	◎ 一级至四级工伤职工死亡，其近亲属同时符合领取工伤保险丧葬补助金、供养亲属抚恤金待遇和职工基本养老保险丧葬补助金、抚恤金待遇条件的，由其近亲属选择领取工伤保险或职工基本养老保险其中一种。 ◎ 达到或超过法定退休年龄，但未办理退休手续或者未依法享受城镇职工基本养老保险待遇，继续在原用人单位工作期间受到事故伤害或患职业病的，用人单位依法承担工伤保险责任。 用人单位招用已经达到、超过法定退休年龄或已经领取城镇职工基本养老保险待遇的人员，在用工期间因工作原因受到事故伤害或患职业病的，如招用单位已按项目参保等方式为其缴纳工伤保险费的，应适用《工伤保险条例》。 ◎《工伤保险条例》第六十二条规定的"新发生的费用"，是指用人单位参加工伤保险前发生工伤的职工，在参加工伤保险后新发生的费用。其中由工伤保险基金支付的费用，按不同情况予以处理： （一）因工受伤的，支付参保后新发生的工伤医疗费、工伤康复费、住院伙食补助费、统筹地区以外就医交通食宿费、辅助器具配置费、生活护理费、一级至四级伤残职工伤残津贴，以及参保后解除劳动合同时的一次性工伤医疗补助金； （二）因工死亡的，支付参保后新发生的符合条件的供养亲属抚恤金。	2016.3.28
上海市人力资源和社会保障局沪人社规〔2024〕6号	关于本市工伤保险若干问题的意见	◎ 用人单位未足额缴纳工伤保险费导致工伤人员工伤保险待遇降低的，由用人单位承担工伤保险待遇补差责任。从业人员发生事故伤害或者患职业病后用人单位依法调整缴费工资并补足工伤保险费的，新发生的一级至四级伤残津贴和供养亲属抚恤金由工伤保险基金按照调整后的缴费工资计发。	2024.5.1～2029.4.30

附一：工伤致残待遇——由用人单位支付的费用

待遇项目 伤残情况	停工留薪期内		伤残津贴（按月） 按负伤前12个月平均月缴费工资为计发基数	一次性伤残就业补助金 按上年度全市职工月平均工资为计发基数	按月缴纳社会保险费
	工资	护理费			
一级伤残	本人工资福利待遇不变（负伤前12个月的平均工资）	生活不能自理的工伤职工在停工留薪期需要护理的，由所在单位负责	—	—	由用人单位和职工个人以伤残津贴为基数，缴纳基本医疗保险费
二级伤残			—	—	
三级伤残			—	—	
四级伤残					
五级伤残			70%	18个月	
六级伤残			60%	15个月	
七级伤残			—	12个月	继续按照规定缴纳各项社会保险费
八级伤残			—	9个月	
九级伤残			—	6个月	
十级伤残			—	3个月	
规定文件	中华人民共和国国务院令第586号国务院关于修改《工伤保险条例》的决定		执行时间		2011.1.1
	中华人民共和国主席令第35号 中华人民共和国社会保险法				2011.7.1
	上海市人民政府令第93号《上海市工伤保险实施办法》				2013.1.1

注：(1) 停工留薪期一般不超过12个月。伤情严重或者情况特殊，经设区的市级劳动能力鉴定委员会确认，可以适当延长，但延长不得超过12个月。

(2) 停工留薪期的工资福利待遇及伤残津贴实际金额不得低于本市职工月工资最低标准。

(3) 伤残级别为五至十级的，经工伤人员本人提出与用人单位解除劳动关系，且解除劳动关系时距法定退休年龄不足5年的，不足年限每减少一年，全额一次性工伤医疗补助金和一次性伤残就业补助金递减20%，但属于《劳动合同法》第38条规定的情形除外。

附二：工伤致残待遇——由工伤保险基金支付的费用

待遇项目 伤残情况	停工留薪期内			工伤医疗费用		伤残津贴（按月）	一次性伤残补助金	一次性工伤医疗补助金	生活护理费（按月）	辅助器具
	住院伙食费	外省市就医交通、食宿费		工伤医疗费用		按负伤前12个月平均月缴费工资为计发基数	按负伤前12个月平均工资为计发基数	按上年度全市职工月平均工资为计发基数		经劳动能力鉴定委员会确认，可以安装假肢、矫形器、假眼、假牙和配置轮椅等辅助器具，所需费用按照国家规定的标准从工伤保险基金支付。
	30元/天	发给每人每天150元的食宿费，交通费按工伤保险经办机构核准的交通工具乘坐实报实销。	经本市医疗保险定点医疗机构出具证明，报工伤保险经办机构同意，工伤人员到外省市就医的，由工伤保险基金承担。	符合国家和本市的工伤保险诊疗项目录、工伤保险药品目录、工伤保险住院服务标准的医疗费用，按本市规定的医疗保险基金承担的部分外，其余由工伤保险基金承担。						
一级伤残						90%	27个月		生活完全不能自理50%	
二级伤残						85%	25个月			
三级伤残						80%	23个月			
四级伤残						75%	21个月			
五级伤残							18个月	18个月	生活大部分不能自理40%	
六级伤残							16个月	15个月		
七级伤残							13个月	12个月	生活部分不能自理30%	
八级伤残							11个月	9个月		
九级伤残							9个月	6个月		
十级伤残							7个月	3个月		

（续表）

待遇项目 伤残情况	停工留薪期内		工伤医疗费用	伤残津贴 （按月）	一次性伤残补助金	一次性工伤医疗补助金	生活护理费 （按月）	辅助器具
	住院伙食费	外省市就医交通、食宿费		按负伤前12个月平均月缴费工资为计发基数		按上年度全市职工月平均工资为计发基数		
规定文件	中华人民共和国国务院令第586号《国务院关于修改〈工伤保险条例〉的决定》						2011.1.1	
	中华人民共和国主席令第35号 中华人民共和国社会保险法			执行时间			2011.7.1	
	上海市人民政府令第93号《上海市工伤保险实施办法》						2013.1.1	

注：（1）《上海市工伤保险实施办法》——按照本办法规定计发的一级至十级工伤人员一次性伤残补助金，低于3 896元以与伤残等级相应的月份数之积的，差额部分由工伤保险基金予以补足。

（2）《上海市工伤保险实施办法》——按照本办法规定计发的一级至四级工伤人员当年度伤残津贴和因工死亡人员供养亲属抚恤金，低于上海市人力资源和社会保障局公布的上述两项工伤保险待遇最低标准的，按最低标准计发。

（3）《上海市工伤保险实施办法》——工伤人员因工致残被鉴定为一级至四级伤残的，保留劳动关系，退出工作岗位。工伤人员到达法定退休年龄并办理按月领取基本养老金手续后，停发伤残津贴，享受基本养老保险待遇。基本养老保险待遇低于伤残津贴的，由工伤保险基金补足差额。工伤人员到达法定退休年龄但不符合按月领取养老金条件的，由工伤保险基金继续支付伤残津贴。

七、伤残津贴和生活护理费——由工伤保险基金支付的费用

文 号	标 题	内 容 摘 要	执行时间
上海市人力资源和社会保障局沪人社规〔2024〕16号	关于调整本市工伤人员伤残津贴和生活护理费标准的通知	◎ 2023年12月31日前发生工伤且致残一级至四级工伤人员的伤残津贴在2023年享受的标准基础上调整,致残一级增加68元/月;致残二级增加62元/月;致残三级增加58元/月;致残四级增加54元/月。 调整后的伤残津贴最低标准为:致残一级9 344元/月、致残二级8 705元/月、致残三级8 182元/月、致残四级7 646元/月。 2024年1月1日至12月31日期间发生工伤且致残一级至四级的工伤人员,其按《上海市工伤保险实施办法》规定计发的伤残津贴低于本通知第一条第二款规定的最低标准的,按最低标准计发。 2023年12月31日前,已按规定办理按月领取养老金手续的致残一级至四级工伤人员,按照本通知第一条规定增加的伤残津贴低于其2024年基本养老金增加额的,按养老金增加额计发。 ◎ 2023年12月31日前发生工伤且经确认生活不能自理工伤人员的生活护理费在2023年享受的标准基础上调整:生活完全不能自理工伤人员增加62元/月;生活大部分不能自理工伤人员增加49元/月;生活部分不能自理工伤人员增加38元/月。 调整后的生活护理费标准为:生活完全不能自理6 154元/月,生活大部分不能自理4 923元/月,生活部分不能自理3 693元/月。 由工伤保险基金按照《实施办法》规定支付伤残津贴和生活护理费的工伤人员,其按本通知规定调整后增加的费用由工伤保险基金支付。目前仍由用人单位按照《实施办法》规定支付伤残津贴和生活护理费的工伤人员,其按本通知规定调整后增加的费用由用人单位支付。	2024.8.15 ~ 2026.8.14

八、因工死亡待遇——由工伤保险基金支付的费用

文 号	标 题	内 容 摘 要	执行时间
上海市人民政府令第93号	上海市工伤保险实施办法（2012）	◎ 丧葬补助金： 　　从业人员因工死亡时6个月的上年度全市月平均工资。 ◎ 供养亲属抚恤金： 　　按从业人员本人因工死亡前12个月的平均月缴费工资为计发基数，其中： 　　配偶每月40%； 　　其他亲属每人每月30%； 　　孤寡老人或者孤儿每人每月在上述标准上增加10%。核定的各供养亲属的抚恤金之和不应高于因工死亡人员生前本人工资。 ◎ 一次性工亡补助金： 　　从业人员因工死亡时上一年度全国城镇居民人均可支配收入的20倍。2023年度全国城镇居民人均可支配收入为51 821元。	2013.1.1

注：(1) 工伤人员在停工留薪期内因工伤导致死亡的，其近亲属享受丧葬补助金、供养亲属抚恤金和一次性工亡补助金。
　　(2) 致残一级至四级的工伤人员在停工留薪期满后死亡的，其近亲属可以享受丧葬补助金和供养亲属抚恤金，不享受一次性工亡补助金。

九、因工死亡人员供养亲属抚恤金标准

文 号	标 题	内 容 摘 要	执行时间
上海市人力资源和社会保障局沪人社规〔2024〕17号	关于调整本市因工死亡人员供养亲属抚恤金标准的通知	◎ 2023年12月31日前因工死亡人员供养亲属的抚恤金在2023年享受的标准基础上，每人每月增加15元。 　　调整后的因工死亡人员供养亲属抚恤金最低标准为每人每月1 961元，其中孤寡老人或者孤儿的最低标准为每人每月2 047元。 ◎ 2024年1月1日至2024年12月31日期间因工死亡人员的供养亲属，其按	2024.8.15 ～ 2026.8.14

（续表）

文 号	标 题	内 容 摘 要	执行时间
上海市人力资源和社会保障局沪人社规〔2024〕17号	关于调整本市因工死亡人员供养亲属抚恤金标准的通知	《上海市工伤保险实施办法》规定计发的抚恤金低于本通知第一条第二款规定的最低标准的，按最低标准计发。 ◎ 由工伤保险基金按照《上海市工伤保险实施办法》规定支付抚恤金的供养亲属，其按本通知规定调整后增加的费用由工伤保险基金支付。目前仍由用人单位按照《上海市工伤保险实施办法》规定支付抚恤金的供养亲属，其按本通知规定调整后增加的费用由用人单位支付。	2024.8.15～2026.8.14

注：按沪人社规〔2018〕10号文规定，每人每月增加94元。　　2018.4.1
　　按沪人社规〔2019〕25号文规定，每人每月增加210元。　2019.7.1
　　按沪人社规〔2020〕12号文规定，每人每月增加102元。　2020.7.1
　　按沪人社规〔2021〕20号文规定，每人每月增加88元。　　2021.7.1
　　按沪人社规〔2022〕23号文规定，每人每月增加108元。　2022.7.1
　　按沪人社规〔2023〕16号文规定，每人每月增加98元。　　2023.7.1
　　按沪人社规〔2024〕17号文规定，每人每月增加15元。　　2024.8.15

十、协保人员工伤待遇

文 号	标 题	内 容 摘 要	执行时间
上海市人民政府令第93号	上海市工伤保险实施办法(2012)	◎ 用人单位使用经就业登记的协保人员的，协保人员的工资收入不计入用人单位工伤保险缴费基数。 ◎ 协保人员发生工伤的，可以按照本办法规定享受工伤保险待遇，社保经办机构按照规定核定用人单位下一年度的浮动费率。	2013.1.1

十一、非正规就业劳动组织从业人员工伤待遇

文　号	标　题	内　容　摘　要	执行时间
上海市人民政府令第93号	上海市工伤保险实施办法（2012）	◎ 非正规就业劳动组织参照本办法规定的缴费基数和费率缴纳工伤保险费后，其按照规定在市或者区、县人力资源和社会保障局进行登记的从业人员发生工伤的，可以享受本办法规定由工伤保险基金支付的工伤保险待遇。	2013.1.1

十二、非城镇户籍外来从业人员工伤待遇

文　号	标　题	内　容　摘　要	执行时间
上海市人民政府令第93号	上海市工伤保险实施办法（2012）	◎ 因工致残一级至四级的非城镇户籍外来从业人员，可以按照本办法规定的待遇项目标准和支付方式，享受工伤保险待遇，也可以选择按一次性领取的方式享受。选择一次性领取工伤保险待遇的，由工伤人员在首次申领待遇时向社保经办机构提出，并以协议方式确认。一经确认，不再变更，其工伤保险关系终止，并与用人单位的劳动关系解除或者终止。 ◎ 因工致残一级至四级的非城镇户籍外来从业人员选择按一次性领取的方式享受工伤保险待遇的，其工伤复发医疗费以及经鉴定委员会鉴定可以享受的一次性伤残补助金、伤残津贴、生活护理费和经确认配置辅助器具费等，由工伤保险基金一次性支付，支付标准由市人力资源和社会保障局另行拟订，报市人民政府批准后执行。	2013.1.1

十三、超过法定退休年龄就业人员和实习生工伤待遇

文号	标题	内容摘要	执行时间
上海市人力资源和社会保障局沪人社规[2023]30号	关于本市超过法定退休年龄就业人员和实习生参加工伤保险的试行意见	◎ 超龄就业人员：用人单位招用的已经达到或者超过法定退休年龄且不超过65周岁的就业人员。 ◎ 实习生：本市职业学校统一安排或者批准自行到用人单位进行岗位实习的在校学生，以及与用人单位约定实习期1个月及以上的本市高等学校在校学生。 ◎ 参保登记手续：用人单位应当持用工协议或者实习协议等材料至社会保险经办机构办理参保登记手续。 ◎ 缴费：用人单位按月缴纳工伤保险费。缴费基数按照劳动报酬确定。 ◎ 参保期间发生事故伤害或者患职业病的，其工伤认定、劳动能力鉴定和工伤保险基金支付的待遇参照《工伤保险条例》《上海市工伤保险实施办法》等有关规定执行。 ◎ 因工致残被鉴定为五级至十级伤残的，与用人单位解除或者终止用工协议或者实习协议，由工伤保险基金按规定支付一次性工伤医疗补助金，工伤保险关系终止。 ◎ 因工致残在用工协议或者实习协议期满尚未进行劳动能力鉴定的，由工伤保险基金继续支付工伤保险待遇至劳动能力鉴定结论作出之月。 ◎ 工伤保险基金支付范围之外的待遇费用，由用人单位与超龄就业人员和实习生按照相关协议或约定协商解决；协商不成的，双方当事人可依法通过民事诉讼或其他法律途径予以解决。 ◎ 超龄就业人员和实习生参加工伤保险，不适用《工伤保险条例》《上海市工伤保险实施办法》有关社会保险费补缴以及工伤保险基金先行支付政策。 ◎ 工程建设项目使用的超龄就业人员，按照国家和本市工程建设项目参加工伤保险相关政策规定执行。	2023.12.1 ～ 2025.11.30

十四、非法用工单位伤亡人员一次性赔偿

文 号	标 题	内 容 摘 要	执行时间
中华人民共和国人力资源和社会保障部令第19号	非法用工单位伤亡人员一次性赔偿办法	◎ 非法用工单位伤亡人员,是指在无营业执照或者未经依法登记、备案的单位以及被依法吊销营业执照或者撤销登记、备案的单位受到事故伤害或者患职业病的职工,或者用人单位使用童工造成的伤残、死亡童工。 ◎ 职工或童工受到事故伤害或患职业病,在劳动能力鉴定之前进行治疗期间的生活费按照统筹地区上年度职工月平均工资标准确定,医疗费、护理费、住院期间的伙食补助费及所需的交通费等费用,按照《工伤保险条例》规定的标准和范围,全部由伤残职工或童工所在单位支付。 ◎ 一次性赔偿金按以下标准支付: 一级伤残的为赔偿基数的16倍,二级伤残的为赔偿基数的14倍,三级伤残的为赔偿基数的12倍,四级伤残的为赔偿基数的10倍,五级伤残的为赔偿基数的8倍,六级伤残的为赔偿基数的6倍,七级伤残的为赔偿基数的4倍,八级伤残的为赔偿基数的3倍,九级伤残的为赔偿基数的2倍,十级伤残的为赔偿基数的1倍。 ◎ 赔偿基数,是指单位所在工伤保险统筹地区上年度职工年平均工资。 ◎ 受到事故伤害或者患职业病造成死亡的,按照上一年度全国城镇居民人均可支配收入20倍支付一次性赔偿金,并按照上一年度全国城镇居民人均可支配收入的10倍一次性支付丧葬补助等其他赔偿金。	2004.1.1 2011.1.1 修正

第十六章 失业保险

一、失业保险缴费比例和缴费基数

文 号	标 题	内 容 摘 要	执行时间
上海市人民政府沪府发〔1999〕7号	上海市失业保险办法	◎ 应缴失业保险费基数按照养老保险费基数确定。 ◎ 单位招用的农民合同制工人本人,不缴纳失业保险费。	1999.4.1
上海市人力资源和社会保障局沪人社规〔2023〕9号	关于继续阶段性降低本市城镇职工社会保险费率的通知	◎ 从2023年5月1日至2024年12月31日,本市失业保险继续执行1%的缴费比例,其中单位缴费比例0.5%,个人缴费比例0.5%。	2023.5.1～2024.12.31
人力资源社会保障部人社部发〔2024〕40号	关于延续实施失业保险援企稳岗政策的通知	◎ 阶段性降低失业保险费率至1%的政策延续实施一年,执行期限至2025年12月31日。	2024.4.26～2025.12.31

二、失业保险金的支付标准

文 号	标 题	第1~12个月支付标准（元/月）	第13~24个月支付标准（元/月）	延长领取支付标准（元/月）	执行时间
上海市人力资源和社会保障局沪人社规〔2024〕13号	关于调整本市失业保险金支付标准的通知	2 255	1 804	1 595	2024.7.1～2026.6.30

三、失业保险金的计算

文　号	标　题	内　容　摘　要	执行时间
上海市人民政府沪府发[1999]7号	上海市失业保险办法	◎ 失业保险金的期限计算 　　失业人员领取失业保险金的期限，根据其失业前累计缴纳失业保险费的年限(扣除已领取失业保险金的缴纳失业保险费年限)计算。累计缴费满1年不满2年的，领取期限为2个月；累计缴费年限每增加1年，期限增加2个月。 　　累计缴费年限　　最长领取期限 　　满1年不满5年　　12个月 　　满5年不满10年　　18个月 　　10年以上　　　　　24个月 　　失业人员连续缴纳失业保险费不满1年，但累计缴纳失业保险费满1年不满2年的，可以视作缴纳失业保险费满1年。 ◎ 剩余期限的合并计算 　　失业人员未领取失业保险金的期限可以保留。重新就业且缴纳失业保险费满1年后又再次失业的，核定其期限时，应当将其剩余期限合并计算。合并计算后，失业人员连续领取失业保险金的期限最长不超过24个月。 ◎ 失业保险金标准的计算 　　失业人员第1个月至第12个月领取的失业保险金标准，根据其缴纳失业保险费的年限确定；第13个月至第24个月领取的失业保险金标准，为其第1个月至第12个月领取标准的80%。 ◎ 接近退休年龄失业人员的特殊规定 　　失业人员在领取失业保险金期满后，非因本人主观原因确实不能重新就业，且距法定退休年龄不足2年或者因特殊原因确需放宽的，可以申请继续领取失业保险金至其法定退休年龄。继续领取的失业保险金标准为其第13个月至第24个月领取标准的80%，但不得低于本市当年城镇居民最低生活保障标准。	1999.4.1

四、失业人员医疗保险

文号	标题	内容摘要	执行时间
上海市医疗保障局沪医保规〔2023〕12号	关于失业人员参加本市职工基本医疗保险（含生育保险）有关事项的通知	◎ 失业人员在领取失业保险金期间参加本市职工基本医疗保险（含生育保险）。缴费基数为缴费当月职工社会保险缴费基数的下限，缴费费率为12%（其中1%视为生育保险缴费，2%视为职工基本医疗保险个人缴费），所需费用由失业保险基金统一支付，失业人员个人不缴费。其间，医疗保险缴费年限累计计算。 ◎ 失业人员自办理失业保险金申领手续当日起，按照本市职工基本医疗保险相关规定享受相应的医疗保险待遇。 ◎ 失业人员在参加职工基本医疗保险期间发生的医疗费用，若医疗保险网上结算功能尚未开通，由本人先行垫付后，按有关规定申请报销符合基本医疗保险规定的医疗费用。 ◎ 失业人员参加职工基本医疗保险（含生育保险）期间，不再享受本市失业保险规定的相关医疗补助金、生育补助金等待遇。	2024.1.1 ～ 2028.12.31

五、失业妇女生育生活津贴

文号	标题	内容摘要	执行时间
上海市医疗保障局沪医保规〔2023〕12号	关于失业人员参加本市职工基本医疗保险（含生育保险）有关事项的通知	◎ 领取失业保险金期间生育或者流产的妇女，可按本市生育保险相关规定享受生育生活津贴和生育医疗费补贴。 ◎ 生育生活津贴按照本市上年度全口径城镇单位就业人员平均工资的60%计发。 ◎ 本通知实施前已参加过本市职工基本医疗保险且符合原失业妇女生育保险待遇享受条件的人员，生育或者流产时未领取失业保险金的，继续享受生育生活津贴和生育医疗费补贴，月生育生活津贴按2 892元计发。	2024.1.1 ～ 2028.12.31

注：生育或者流产后再申领失业保险金的妇女，不能作为领取失业保险金期间生育或者流产的人员享受生育保险待遇。

第十七章　机关事业单位工作人员养老保险

一、基本养老保险制度

文　号	标　题	内　容　摘　要	执行时间
国务院国发[2015]2号	国务院关于机关事业单位工作人员养老保险制度改革的决定	◎ 本决定适用于按照公务员法管理的单位、参照公务员法管理的机关(单位)、事业单位及其编制内的工作人员。 ◎ 基本养老保险费由单位和个人共同负担。单位缴纳基本养老保险费(以下简称单位缴费)的比例为本单位工资总额的20%,个人缴纳基本养老保险费(以下简称个人缴费)的比例为本人缴费工资的8%,由单位代扣。按本人缴费工资8%的数额建立基本养老保险个人账户,全部由个人缴费形成。个人工资超过当地上年度在岗职工平均工资300%以上的部分,不计入个人缴费工资基数;低于当地上年度在岗职工平均工资60%的,按当地在岗职工平均工资的60%计算个人缴费工资基数。 　　个人账户储存额只用于工作人员养老,不得提前支取,每年按照国家统一公布的记账利率计算利息,免征利息税。参保人员死亡的,个人账户余额可以依法继承。	2014.10.1

二、基本养老金计发办法

文　号	标　题	内　容　摘　要	执行时间
国务院国发[2015]2号	国务院关于机关事业单位工作人员养老保险制度改革的决定	◎ 本决定实施后参加工作、个人缴费年限累计满15年的人员,退休后按月发给基本养老金。基本养老金由基础养老金和个人账户养老金组成。退休时的基础养老金月标准以当地上年度在岗职工月平均工资和本人指数化月平均缴费工资的平均值为基数,缴费每满1年发给1%。个人账户养老	2014.10.1

(续表)

文号	标题	内容摘要	执行时间
国务院国发[2015]2号	国务院关于机关事业单位工作人员养老保险制度改革的决定	金月标准为个人账户储存额除以计发月数,计发月数根据本人退休时城镇人口平均预期寿命、本人退休年龄、利息等因素确定。 ◎ 本决定实施前参加工作、实施后退休且缴费年限(含视同缴费年限,下同)累计满15年的人员,按照合理衔接、平稳过渡的原则,在发给基础养老金和个人账户养老金的基础上,再依据视同缴费年限长短发给过渡性养老金。具体办法由人力资源社会保障部会同有关部门制定并指导实施。 ◎ 本决定实施后达到退休年龄但个人缴费年限累计不满15年的人员,其基本养老保险关系处理和基本养老金计发比照《实施〈中华人民共和国社会保险法〉若干规定》(人力资源社会保障部令第13号)执行。 ◎ 本决定实施前已经退休的人员,继续按照国家规定的原待遇标准发放基本养老金,同时执行基本养老金调整办法。 ◎ 机关事业单位离休人员仍按照国家统一规定发给离休费,并调整相关待遇。	2014.10.1

三、职业年金

文号	标题	内容摘要	执行时间
国务院办公厅国办发[2015]18号	国务院办公厅关于印发机关事业单位职业年金办法的通知	◎ 本办法所称职业年金,是指机关事业单位及其工作人员在参加机关事业单位基本养老保险的基础上,建立的补充养老保险制度。 ◎ 本办法适用的单位和工作人员范围与参加机关事业单位基本养老保险的范围一致。 ◎ 职业年金所需费用由单位和工作人员个人共同承担。单位缴纳职业年金费用的比例为本单位工资总额的8%,个人缴费比例	2014.10.1

(续表)

文 号	标 题	内 容 摘 要	执行时间
国务院办公厅国办发〔2015〕18号	国务院办公厅关于印发机关事业单位职业年金办法的通知	为本人缴费工资的4%,由单位代扣。单位和个人缴费基数与机关事业单位工作人员基本养老保险缴费基数一致。 根据经济社会发展状况,国家适时调整单位和个人职业年金缴费的比例。 ◎ 单位缴费按照个人缴费基数的8%计入本人职业年金个人账户;个人缴费直接计入本人职业年金个人账户。 职业年金基金投资运营收益,按规定计入职业年金个人账户。 ◎ 符合下列条件之一的可以领取职业年金: (一)工作人员在达到国家规定的退休条件并依法办理退休手续后,由本人选择按月领取职业年金待遇的方式。可一次性用于购买商业养老保险产品,依据保险契约领取待遇并享受相应的继承权;可选择按照本人退休时对应的计发月数计发职业年金月待遇标准,发完为止,同时职业年金个人账户余额享有继承权。本人选择任一领取方式后不再更改。 (二)出国(境)定居人员的职业年金个人账户资金,可根据本人要求一次性支付给本人。 (三)工作人员在职期间死亡的,其职业年金个人账户余额可以继承。 未达到上述职业年金领取条件之一的,不得从个人账户中提前提取资金。	2014.10.1

第十八章　个人养老金

文　号	标　题	内　容　摘　要	执行时间
人力资源社会保障部人社部发〔2022〕70号	关于印发《个人养老金实施办法》的通知	◎ 个人养老金是指政府政策支持、个人自愿参加、市场化运营、实现养老保险补充功能的制度。 ◎ 个人养老金实行个人账户制，缴费完全由参加人个人承担，自主选择购买符合规定的储蓄存款、理财产品、商业养老保险、公募基金等金融产品（以下统称个人养老金产品），实行完全积累，按照国家有关规定享受税收优惠政策。 ◎ 个人养老金账户用于登记和管理个人身份信息，并与基本养老保险关系关联，记录个人养老金缴费、投资、领取、抵扣和缴纳个人所得税等信息，是参加人参加个人养老金、享受税收优惠政策的基础。 ◎ 参加人可以选择一家商业银行开立或者指定本人唯一的个人养老金资金账户，也可以通过其他符合规定的个人养老金产品销售机构指定。 ◎ 个人养老金资金账户与个人养老金账户绑定，为参加人提供资金缴存、缴费额度登记、个人养老金产品投资、个人养老金支付、个人所得税税款支付、资金与相关权益信息查询等服务。 ◎ 缴费：参加人可以按月、分次或者按年度缴费，缴费额度按自然年度累计，次年重新计算。每年缴纳个人养老金额度上限为12 000元。 ◎ 参加人可以在不同商业银行之间变更其个人养老金资金账户。 ◎ 领取：个人养老金资金账户封闭运行，参加人达到以下任一条件的，可以按月、分次或者一次性领取个人养老金，领完为止：	2022.10.26

文 号	标 题	内 容 摘 要	执行时间
人力资源社会保障部人社部发[2022]70号	关于印发《个人养老金实施办法》的通知	（一）达到领取基本养老金年龄； （二）完全丧失劳动能力； （三）出国(境)定居； （四）国家规定的其他情形。 ◎ 继承:参加人身故的,其个人养老金资金账户内的资产可以继承。 ◎ 注销:参加人出国(境)定居、身故等原因社会保障卡被注销的,商业银行将参加人个人养老金资金账户内的资金转至其本人或者继承人指定的资金账户。 参加人完成个人养老金资金账户内资金(资产)转移,或者账户内的资金(资产)领取完毕的,商业银行注销该资金账户。 商业银行应保存个人养老金资金账户全部信息自账户注销日起至少十五年。	2022.10.26
人力资源社会保障部人社厅函[2023]119号	关于个人养老金参加人申请撤回缴费问题处理意见的函	◎ 个人养老金参加人由于操作失误等原因缴费的,可以在该笔缴费计入个人养老金资金账户之日起(不含)5日内,通过开户银行线下网点提出撤回申请。参加人一个自然年度内可以申请撤回一次个人养老金单笔缴费。 ◎ 撤回单笔缴费不属于领取个人养老金,不按照领取个人养老金代扣代缴个人所得税。	2023.9.1

第十九章　住房公积金

一、住房公积金缴存比例和缴存基数

文号	标题	内容摘要	执行时间
上海市住房公积金管理委员会沪公积金管委会〔2024〕5号	关于2024年度上海市调整住房公积金缴存基数、比例以及月缴存额上下限的通知	◎ 各单位应当按照上海市统计局计算职工月平均工资的口径计算职工月平均工资，并以职工月平均工资作为该职工住房公积金缴存基数核定住房公积金月缴存额。 ◎ 自2024年7月1日起，本市职工住房公积金的缴存基数由2022年月平均工资调整为2023年月平均工资。 ◎ 2024年1月1日起新参加工作的职工，以该职工参加工作的第二个月的当月全月应发工资收入或以其新参加工作以来实际发放的月平均工资作为其住房公积金缴存基数。 ◎ 2024年1月1日起新调入的职工，以调入后发放的当月全月应发工资收入或者以其实际发放的月平均工资作为其住房公积金缴存基数。 ◎ 2024年度职工本人和单位住房公积金缴存比例为各5%—7%（取整数值）。单位可以在上述比例范围内，自主确定住房公积金具体缴存比例。 ◎ 住房公积金和补充住房公积金缴存基数最高不超过36 921元，最低不低于2 690元。	2024.7.1

附：2024年度上海市住房公积金月缴存额上下限表

类型	单位和个人缴存比例	月缴存额上限(元)	月缴存额下限(元)
住房公积金	各7%	5 168	376
	各6%	4 430	322
	各5%	3 692	270

(续表)

类型	单位和个人缴存比例	月缴存额上限(元)	月缴存额下限(元)
补充住房公积金	各5%	3 692	270
	各4%	2 954	216
	各3%	2 216	162
	各2%	1 476	108
	各1%	738	54

二、补充住房公积金的缴存比例

文号	标题	内容摘要	执行时间
上海市住房公积金管理委员会沪公积金管委会〔2024〕5号	关于2024年度上海市调整住房公积金缴存基数、比例以及月缴存额上下限的通知	◎ 单位和职工补充住房公积金缴存比例为各1%—5%(取整数值),具体比例由各单位根据实际情况确定。	2024.7.1

第二十章　福利待遇

一、职工福利费

文号	标题	内容摘要	执行时间
财政部财企〔2007〕48号	关于实施修订后的《企业财务通则》有关问题的通知	关于职工福利费财务制度改革的衔接问题,在修订后的《企业财务通则》实施后,企业不再按照工资总额14%计提职工福利费。	2007.1.1
国家税务总局国税函〔2009〕3号	关于企业工资薪金及职工福利费扣除问题的通知	企业职工福利费,包括以下内容: ◎ 尚未实行分离办社会职能的企业,其内设福利部门所发生的设备、设施和人员费用,包括职工食堂、职工浴室、理发室、医务所、托儿所、疗养院等集体福利部门的设备、设施及维修保养费用和福利部门工作人员的工资薪金、社会保险费、住房公积金、劳务费等。 ◎ 为职工卫生保健、生活、住房、交通等所发放的各项补贴和非货币性福利,包括企业向职工发放的因公外地就医费用、未实行医疗统筹企业职工医疗费用、职工供养直系亲属医疗补贴、供暖费补贴、职工防暑降温费、职工困难补贴、救济费、职工食堂经费补贴、职工交通补贴等。 ◎ 按照其他规定发生的其他职工福利费,包括丧葬补助费、抚恤费、安家费、探亲假路费等。	2008.1.1

(续表)

文号	标题	内容摘要	执行时间
人力资源社会保障部人社部发〔2023〕13号	关于做好国有企业津贴补贴和福利管理工作的通知	◎ 国家规定的福利项目主要包括： （一）丧葬补助费、抚恤金、独生子女费、职工异地安家费、探亲假路费、防暑降温费、离退休人员统筹外费用等对职工出现特定情形的补偿性福利。 （二）救济困难职工的基金支出或者发放的困难职工补助等对出现特定生活困难职工的救助性福利。 （三）工作服装（非劳动保护性质工服）、体检、职工疗养、自办食堂或无食堂统一供餐等集体福利。 （四）国家规定的其他福利。 除上述四项情形外，企业不得自行设置其他福利项目。 ◎ 企业不得将本企业产品和服务免费或低价提供职工使用，确实需要的，应按市场价格公平交易。 ◎ 除国家另有规定或企业在工资总额内设置津贴补贴外，企业不得以福利或其他名义承担职工个人支出。 ◎ 福利项目支出列入职工福利费管理，其中集体福利设备设施管理经费列入职工福利费管理，但与企业建立劳动关系的集体福利部门职工的工资性收入纳入工资总额管理。 ◎ 除下列情形外，企业负责人不得以任何名义领取其他货币性收入： （一）国家规定的政府特殊津贴、院士津贴、高新工程津贴、国家科学技术奖等，纳入经批准的评比达标表彰项目按照国家规定给予个人非由企业资金承担的奖金。 （二）国家规定的境外工作补贴以及履职待遇、业务支出相关补贴等。参加或承担符合规定的非本单位课题、项目以及参加评审、讲课或写作等所获得的补贴（劳务费）。 （三）国家规定的社会保险、住房公积金等待遇和非货币性集体福利。 ◎ 本通知适用于国家出资的国有独资及国有控股企业。中央和地方有关部门或机构作为实际控制人的企业，参照本通知执行。	2023.2.16

二、企业年金

文　号	标　题	内　容　摘　要	执行时间
人力资源和社会保障部、财政部令第36号	企业年金办法	◎ 企业年金所需费用由企业和职工个人共同缴纳。 ◎ 企业缴费每年不超过本企业职工工资总额的8%。企业和职工个人缴费合计不超过本企业职工工资总额的12%。职工个人缴费由企业从职工个人工资中代扣代缴。 ◎ 人力资源社会保障行政部门自收到企业年金方案文本之日起15日内未提出异议的,企业年金方案即行生效。	2018.2.1

三、独生子女费

文　号	标　题	内　容　摘　要	执行时间
上海市人民政府沪府规[2022]18号	关于印发修订后的《上海市计划生育奖励与补助若干规定》的通知	◎ 持有《光荣证》的本市户籍公民,在其子女年满16周岁以前,领取每月30元的独生子女父母奖励费。 ◎ 独生子女父母奖励费按照下列办法支付: （一）有用人单位的,由用人单位支付; （二）无用人单位的,由其户籍所在地的镇(乡)政府、街道办事处支付。	2022.11.1～2027.10.31

四、职工出境定居离职费

文　号	标　题	内　容　摘　要	执行时间
劳动和社会保障部办公厅劳社厅函[2005]126号	关于出境定居的归侨侨眷职工享受一次性离职费问题的复函	◎ 一次性离职费是基本养老保险制度建立之前,对归侨、侨眷职工因出境定居终止劳动关系不再享受退休待遇而由企业支付的一次性补助金。社会保险制度建立后,对不符合国家规定退休条件的归侨、侨眷职工获准出境定居的,按照国家有关规定办理终止劳动关系手续时,支付一次性离职费应根据职工参加社会保险统筹情况区别对待。	2005.4.19

(续表)

文　号	标　题	内　容　摘　要	执行时间
劳动和社会保障部办公厅劳社厅函〔2005〕126号	关于出境定居的归侨侨眷职工享受一次性离职费问题的复函	◎ 职工已经参加基本养老保险、基本医疗保险的,由社会保险经办机构按照规定将其基本养老保险个人账户储存额一次性支付给本人,并一次性结清其医疗保险个人账户,终止其基本养老保险、基本医疗保险关系;对职工在建立基本养老保险个人账户之前本企业的实际工作年限,仍由用人单位比照国务院侨办、劳动人事部、财政部《关于归侨、侨眷职工因私事出境的假期、工资等问题的规定》(〔1983〕侨政会字第007号)支付职工一次性离职费。	2005.4.19
国务院侨务办公室〔1983〕侨政会字第007号	关于归侨、侨眷职工因私事出境的假期、工资等问题的规定	◎ 获准出境定居的在职职工,可以发给一次性离职费,其标准如下: 连续工龄满1年至10年的,每满1年发给1个月的本人标准工资; 连续工龄在10年以上的,从第11年起,每满1年发给一个半月的本人标准工资。满一年的尾数,不足6个月的,按半年计算,超过6个月的,按一年计算。离职费的总额,最高以本人24个月的标准工资为限。	1983.1.25
上海市劳动和社会保障局沪劳保关发〔2005〕36号	关于实施《上海市劳动合同条例》若干问题的通知(三)	◎ 对职工1993年1月1日之前在本企业的工作年限,仍由用人单位比照国务院侨办、劳动人事部、财政部《关于归侨侨眷职工因私事出境的假期、工资等问题的规定》(〔1983〕侨政会字第007号)支付职工一次性离职费。 ◎ 一次性离职费的标准按1992年职工实际工资月收入确定。	2005.10.17 ～ 2026.8.15

五、企业职工因病或非因工死亡待遇

项　　目		待　　遇
丧葬补助费		2个月
抚恤金（根据总缴费年限计算）	不满5年	3个月
	满5年不满10年	6个月
	满10年不超过15年（含15年）	9个月
	15年以上不满30年	每多缴费1年，发放月数增加1个月
	30年以上	按30年计算，发放月数最高为24个月
计算基数		死亡时本省（自治区、直辖市）上一年度城镇居民月人均可支配收入。
领取地		1. 在职参保人员：最后养老保险关系所在地（含临时基本养老保险缴费账户所在地）。 2. 退休人员（含退职人员）：企业职工基本养老保险待遇领取地。
备　注		1. 退休人员（含退职人员），每领取1年基本养老金减少1个月，发放月数最低为9个月。 2. 参保人员因病或非因工死亡，累计缴费年限不足5年的，其遗属待遇标准不得超过其个人缴费之和（灵活就业等以个人身份参保人员以记入个人账户部分计算）。 3. 同时符合企业职工基本养老保险、城乡居民基本养老保险遗属待遇条件的，由其遗属选择其中一种领取。已办理企业职工基本养老保险和城乡居民基本养老保险制度衔接手续并领取城乡居民基本养老保险待遇后死亡的，其遗属不再享受企业职工基本养老保险遗属待遇。 4. 参保人员因下落不明被人民法院宣告死亡的，以人民法院宣告的死亡日期作为其死亡时间，其遗属可以领取遗属待遇。被宣告死亡参保人员再次出现的，已领取的遗属待遇应予退还。
规定文件		《企业职工基本养老保险遗属待遇暂行办法》人社部发[2021]18号

(续表)

文 号	标 题	内 容 摘 要	执行时间
上海市人力资源和社会保障局沪人社养〔2021〕379号	关于贯彻落实《人力资源社会保障部财政部关于印发〈企业职工基本养老保险遗属待遇暂行办法〉的通知》的通知	◎ 失业人员在领取失业保险金期间死亡的,可以参照《暂行办法》规定,向其遗属发给丧葬补助和抚恤金。所需费用由失业保险基金中支付。 ◎ 个人死亡同时符合领取企业职工基本养老保险、工伤保险和失业保险遗属待遇条件的,其遗属只能选择领取其中的一项。	2021.9.1

六、非因工死亡职工的遗属生活困难补助费标准

文 号	标 题	内 容 摘 要	执行时间
上海市人力资源和社会保障局沪人社福发〔2013〕29号	关于因病或非因工死亡职工遗属生活困难补助费有关问题的通知	◎ 本市因病或非因工死亡职工遗属生活困难补助费标准暂不调整,继续按每人每月570元(孤寡老人或者孤儿的,增加30%)执行。	2013.4.1 ～ 2027.12.31
上海市人力资源和社会保障局沪人社福〔2023〕202号	关于调整本市非因工死亡职工遗属生活困难补助费标准的通知	◎ 自2023年1月1日起,对本市非因工死亡职工遗属生活困难补助费标准进行调整。 ◎ 符合本市原规定享受生活困难补助费的非因工死亡职工遗属,其生活困难补助费标准每人每月增加100元。	2023.6.26

注:沪劳保福〔2006〕24号文:自2006年7月1日起,非因工死亡职工的遗属生活困难补助费纳入养老保险统筹基金支付。

第三部分　稳岗促就业政策

一、就业促进

文　号	标题	内　容　摘　要	执行时间
上海市人民代表大会常务委员会公告〔十六届〕第1号	上海市就业促进条例	◎ 就业公平 （一）禁止就业歧视 　　不得发布含有民族、种族、性别、宗教信仰等方面歧视性内容的招聘信息，不得违反国家规定在户籍、地域等方面设置限制人力资源流动的条件。 　　除国家规定的不适合妇女的工种或者岗位外，不得以性别为由拒绝录用妇女或者提高对妇女的录用标准；不得在劳动合同、服务协议和规章制度中规定限制女职工结婚、生育等权利的内容。 　　不得歧视残疾人。 　　不得以劳动者是传染病病原携带者或者曾患传染病为由拒绝录用，不得以劳动者患传染病为由与其解除劳动关系，法律、行政法规和国务院卫生行政部门另有规定的除外。 （二）招聘信息审核 　　大众传播媒介接受人力资源服务机构委托发布招聘信息的，应当依法查验委托人的营业执照或者有关批准设立文件、人力资源服务许可证等材料，并核对招聘信息内容；对无法提供相关材料的机构，或者含有歧视性内容等违法情形的招聘信息，不得提供信息发布服务。 （三）个人信息保护 　　除法律、行政法规另有规定外，用人单位和人力资源服务机构在招用人员或者提供人力资源服务时，不得查询劳动	2023.3.1

(续表)

文号	标题	内容摘要	执行时间
上海市人民代表大会常务委员会公告〔十六届〕第1号	上海市就业促进条例	者的诊疗记录、医学检测报告、违法犯罪记录等信息,或者要求劳动者提供与履行劳动合同无关的信息。 　　人力资源服务机构对在业务活动中收集的用人单位和个人信息,应当依法予以保护,不得泄露或者违法使用所知悉的商业秘密、个人信息或者其他应当保密的信息。 ◎ 深化就业参保登记一体化改革 　　用人单位和个人应当依法如实办理就业参保登记手续,不得虚构用工信息办理相关手续。 ◎ 灵活就业人员 　　符合条件的灵活就业人员,可以按照相关规定申请社会保险补贴、就业岗位补贴。 　　互联网平台企业应当依法合规用工,根据具体用工情形,与劳动者依法订立劳动合同或者通过书面协议明确双方权利义务。 　　企业、行业协会与工会、劳动者代表等可以就业务定额、计件单价、职业安全健康等开展协商,合理确定定员定额、休息办法、计件单价、抽成比例、考核奖惩等标准。 　　本市建立和完善新就业形态劳动者职业伤害保障制度,鼓励发展与职业伤害保障制度相衔接的互助保障和商业保险,维护新就业形态劳动者职业伤害保障权益。 ◎ 法律责任 　　大众传播媒介为无法提供相关材料的机构或者含有歧视性内容等违法情形的招聘信息,提供信息发布服务的,由人力资源社会保障部门责令改正,并在相	2023.3.1

(续表)

文 号	标 题	内 容 摘 要	执行时间
上海市人民代表大会常务委员会公告〔十六届〕第1号	上海市就业促进条例	关范围内消除影响；拒不改正的，处一万元以上五万元以下罚款；有违法所得的，没收违法所得。 虚构用工信息办理就业参保登记手续的，由人力资源社会保障部门责令改正，有违法所得的，没收违法所得；情节严重的，按照未如实办理就业参保登记手续的劳动者每人一千元以上五千元以下的标准，处以罚款；构成骗取社会保险待遇的，由人力资源社会保障部门依照《中华人民共和国社会保险法》予以处罚。 对违反本条例规定的行为，除依法追究相应法律责任外，有关部门还应当按照规定，将有关单位及个人失信信息向本市公共信用信息服务平台归集，并依法采取惩戒措施。	2023.3.1

二、就业援助

文 号	标 题	内 容 摘 要	执行时间
上海市人力资源和社会保障局沪人社规〔2022〕8号	关于进一步做好本市就业援助工作的若干意见	◎"就业困难人员"是指法定劳动年龄段内有一定劳动能力且就业愿望迫切，但因自身就业条件差而难以实现市场化就业，连续处于实际失业状态6个月以上的下列本市户籍人员： （一）大龄失业人员、协保人员、离土农民； （二）零就业家庭成员； （三）低收入困难家庭成员或享受最低生活保障家庭成员； （四）中度及以上残疾、部分丧失劳动能力的人员或一户多残家庭成员； （五）大龄或领取生活费补贴期满的被征地人员；	2022.1.1 ～ 2026.12.31

(续表)

文号	标题	内容摘要	执行时间
上海市人力资源和社会保障局沪人社规[2022]8号	关于进一步做好本市就业援助工作的若干意见	(六)缺乏工作经验,处于实际失业状态一年以上,且经公共就业服务机构服务半年以上,多次推荐就业岗位仍未实现就业的35岁以下青年; (七)刑满释放、戒毒康复等有特殊困难的其他人员。 对满足以上除"连续处于实际失业状态6个月以上"的其他条件,但就业确有特殊困难的人员,可在总量控制的前提下,经区人力资源社会保障局审核同意,认定为"就业困难人员"。 担任企业法定代表人、董事、监事等管理人员的,不得认定为"就业困难人员"。	2022.1.1 ~ 2026.12.31
上海市人民代表大会常务委员会公告[十六届]第1号	上海市就业促进条例	◎采取税费减免、社会保险补贴、岗位补贴、职业培训补贴等办法,通过公益性岗位安置等途径,对就业困难人员实行优先扶持和重点帮助。	2023.3.1

三、稳岗促就业补贴

文号	标题	内容摘要	执行时间
人力资源社会保障部人社部发[2024]44号	关于做好高校毕业生等青年就业创业工作的通知	◎合并实施一次性吸纳就业补贴和一次性扩岗补助政策,对招用毕业年度及离校两年内未就业高校毕业生及16—24岁登记失业青年,签订劳动合同,并按规定为其足额缴纳3个月以上的失业、工伤、职工养老保险费的企业,可按每招用1人不超过1500元的标准发放一次性扩岗补助。	2024.5.17 ~ 2025.12.31

(续表)

文 号	标 题	内 容 摘 要	执行时间
上海市人力资源和社会保障局沪人社规〔2024〕7号	关于实施本市重点群体一次性吸纳就业补贴的通知	◎一次性吸纳就业补贴对象和范围 自2024年1月1日至12月31日期间,吸纳本市2024届高校毕业生、离校2年内未就业高校毕业生(包括本市户籍和非本市户籍)、在本市登记失业3个月及以上人员、在本市登记失业的16—24岁青年就业,并签订1年及以上劳动合同、按规定缴纳社会保险费的本市企业、社会组织和个体工商户等用人单位。 ◎补贴标准 补贴标准为2 000元/人,吸纳同一名高校毕业生或失业人员只能享受1次补贴。	2024.4.23 ～ 2024.12.31
上海市人力资源和社会保障局沪人社规〔2023〕22号	关于进一步做好本市毕业生相关就业补贴工作的通知	◎本市用人单位新招用高校毕业生社会保险补贴 (一)补贴范围和对象 新招用毕业年度或离校2年内未就业高校毕业生(包括本市户籍和非本市户籍),并签订1年以上劳动合同,按规定缴纳社会保险费的本市小微企业和社会组织。 (二)补贴标准和期限 社会保险补贴标准为按照本市缴费当月职工社会保险缴费基数的下限作为缴费基数计算的养老、医疗(含生育)、失业和工伤保险缴费额中用人单位承担部分的50%,累计不超过12个月。 ◎专门承担公益性岗位安置职能的用人单位不属于本通知的补贴对象范围。 ◎各劳务派遣公司应遵循公平、诚信原则,与劳务派遣用工单位协商使用补贴资金。	2023.6.1 ～ 2028.5.31

(续表)

文号	标题	内容摘要	执行时间
上海市人力资源和社会保障局沪人社规〔2024〕8号	关于实施失业保险稳岗返还的通知	◎ 失业保险稳岗返还范围 　　在本市参保、信用记录良好的企业，社会团体、基金会、社会服务机构、律师事务所、会计师事务所、以单位形式参保的个体工商户参照实施。 ◎ 申请条件 　　上年度依法参加失业保险并按规定缴纳失业保险费。裁员率不高于上年度全国城镇调查失业率控制目标(5.5%)，30人(含)以下用人单位的裁员率不高于20%。 ◎ 返还比例 　　大型企业按照企业及其职工上年度实际缴纳失业保险费总额的30%返还，中小微企业等其他用人单位按60%返还。 ◎ 劳务派遣单位不适用"免申即享"，应主动提出申请，并按要求提交相关申请材料。对涉及被派遣劳动者的部分，劳务派遣单位应全额拨付给实际提供岗位并承担工资和社会保险费的用工单位。其中，派遣到机关事业单位的劳动者不在稳岗返还政策覆盖范围之内。对涉及其余自有员工部分(含开展承揽、外包业务招用的劳动者)，由劳务派遣单位全额享受。	2024.5.17 ～ 2024.12.31
上海市人力资源和社会保障局沪人社规〔2023〕1号	关于进一步完善本市创业扶持政策举措的通知	◎ 社会保险补贴 　　吸纳劳动者就业满6个月后，可按吸纳本市劳动者人数申请社会保险补贴。 　　其中，小微企业、个体工商户、民办非企业单位等创业组织按规定为吸纳就业人员缴纳城镇职工养老保险、医疗保险、失业保险、工伤保险、生育保险的，按缴费当月职工社会保险缴费基数的下限作为基数计算的养老、医疗和失业保险缴费额中用人单位承担部分50%的标准给予补贴；农民合作社按规定为吸纳就业人员以集体参保方式缴纳城镇职工基本养老保险、医疗保险的，按缴费当月职工社会保险缴费基数的下限作为缴费基数计算的养老和医疗保险缴费额50%的标准给予补贴。	2023.1.1 ～ 2027.12.31

(续表)

文号	标题	内容摘要	执行时间
上海市人民政府沪人社规〔2023〕1号	关于进一步完善本市创业扶持政策举措的通知	每个创业组织每月社会保险补贴人数以8人为限，补贴期限不超过注册登记之日起的36个月，同一名法定代表人或负责人创办的创业组织只能享受一次该项社会保险补贴政策。 ◎ 首次创业一次性补贴 　　具有本市户籍、毕业2年以内的高校毕业生，以及本市"就业困难人员"，在本市首次创办小微企业、个体工商户、农民合作社、民办非企业单位等创业组织满1年且按规定至少为1人缴纳城镇职工社会保险费满6个月的，可申请一次性8 000元的创业补贴。 ◎ 对于同一创业组织吸纳同一名劳动者，不能同时享受多项社会保险补贴。	2023.1.1 ～ 2027.12.31
上海市人力资源和社会保障局沪人社规〔2021〕29号	关于进一步加强本市青年就业创业见习工作的通知	◎ 见习期限一般为1—12个月，毕业学年学生原则上应在毕业前完成见习。见习期内，见习学员与见习基地不建立劳动关系。 ◎ 符合下列条件之一的青年，可到区人力资源社会保障部门申请参加就业创业见习： 　　（一）年龄在16—35岁，具有本市户籍的未就业青年； 　　（二）参加本市就业创业见习计划的高等学校和中等职业学校全日制毕业学年学生； 　　（三）本市高等学校及中等职业学校离校2年内未就业的全日制毕业生。 ◎ 每名学员每月见习学员生活费补贴标准为当年城镇职工月最低工资标准的80%，各区可根据实际情况酌情配套补贴。 ◎ 见习带教费补贴主要用于补贴见习带教老师的指导费用以及见习基地因见习带教产生的其他相关费用。每带教一名学员每月补贴标准为当年城镇职工月最低工资标准的30%，各区可根据实际情况酌情配套补贴。	2021.11.1 ～ 2026.10.31

(续表)

文　号	标　题	内　容　摘　要	执行时间
上海市人力资源和社会保障局沪人社规〔2021〕29号	关于进一步加强本市青年就业创业见习工作的通知	◎ 市人力资源社会保障部门为见习学员统一购买综合保险,用于保障见习学员参加见习时发生的人身伤害及造成的第三方损失。 ◎ 直接提供就业见习岗位的就业见习基地及外派单位,与见习学员签订1年及以上劳动合同并办理用工登记手续、依法缴纳社会保险费满3个月,可按实际留用人数给予每人5 000元的一次性带费补贴。经创业见习基地跟踪帮扶,见习学员在见习结束后1年内实现创业并带动1人以上就业且缴纳社会保险费满3个月的,按照实际成功创业人数给予基地每人5 000元的一次性带教费补贴。补贴使用范围与见习带教费补贴一致。	2021.11.1 ～ 2026.10.31
上海市人力资源和社会保障局沪人社规〔2022〕8号	关于进一步做好本市就业援助工作的若干意见	◎ 本市企事业单位、社会团体、民办非企业、个体工商户等用人单位(劳务派遣公司除外)吸纳经认定的"就业困难人员",签订1年以上劳动合同并按时足额缴纳社会保险费的,可按规定申请补贴。 　其中,吸纳的"就业困难人员"属于协保人员的,可申请按月享受岗位补贴;吸纳的"就业困难人员"属于其他人员的,可申请按月享受岗位补贴和社会保险费补贴。岗位补贴的标准为本市月最低工资标准的50%,社会保险费补贴标准为以缴费当月职工社会保险缴费基数下限作为基数计算的养老、医疗和失业保险缴费额中用人单位承担部分的50%。 　对于同一名"就业困难人员",上述补贴与本意见出台前用人单位享受的一次性补贴的期限累计一般不超过3年,补贴期满且该"就业困难人员"距法定退休年龄不足2年的,补贴期限最长可延至该"就业困难人员"到达法定退休年龄。 　"就业困难人员"享受补贴期满的,取消"就业困难人员"身份。	2022.1.1 ～ 2026.12.31

(续表)

文号	标题	内容摘要	执行时间
国务院办公厅国办发[2022]13号	关于进一步做好高校毕业生等青年就业创业工作的通知	◎对吸纳高校毕业生就业达到一定数量且符合相关条件的中小微企业，在安排纾困资金、提供技术改造贷款贴息时予以倾斜。 ◎支持高校毕业生自主创业，按规定给予一次性创业补贴、创业担保贷款及贴息、税费减免等政策，政府投资开发的创业载体要安排30％左右的场地免费向高校毕业生创业者提供。 ◎对毕业年度和离校2年内未就业高校毕业生实现灵活就业的，按规定给予社会保险补贴。 ◎实施百万就业见习岗位募集计划，支持企事业单位、社会组织、政府投资项目、科研项目等设立见习岗位，按规定给予就业见习补贴。	2022.5.5
上海市人力资源和社会保障局沪人社规[2023]25号	关于进一步做好灵活就业人员就业创业工作有关事项的补充通知	◎离校2年内未就业高校毕业生在本市初次就业为灵活就业，并参加本市城镇职工基本养老、医疗保险的，可向户籍地或在沪居住地所在区就业促进中心申请社会保险补贴，其中非本市户籍上海高校毕业生需提供有效的《上海市居住证》。补贴标准为按照缴费当月职工社会保险缴费基数的下限作为缴费基数计算的社会保险费的50％。补贴期限为参加本市城镇职工基本养老、医疗保险的实际月数，累计不超过24个月。 ◎距法定退休年龄3年或不足3年、经认定的本市"就业困难人员"，实现灵活就业并参加本市城镇职工基本养老、医疗保险的，可申请就业岗位补贴，补贴标准为当月本市企业职工最低工资标准的50％，直至其达到法定退休年龄为止。	2023.10.1～2028.9.30

注：用人单位需先登录"上海市人力资源社会保障网网上办事自助经办平台"—"惠企点单办"—"就业补贴：失业保险稳岗返还补贴确认"，点击办理，确认享受补贴相关信息，方可享受失业保险稳岗返还，具体流程详见"上海发布"https://mp.weixin.qq.com/s/1cc6xAZsg2RjrHs7Th0OxQ。

四、职业技能培训补贴

文号	标题	内容摘要	执行时间
上海市人力资源和社会保障局沪人社职发〔2016〕55号	关于印发《上海市社会化职业技能培训补贴管理办法》的通知	◎ 本市户籍、在法定劳动年龄段内的以下对象可按规定享受培训补贴： （一）失业人员、协保人员和原农村富余劳动力； （二）在职从业人员（含本市户籍的灵活就业人员、非正规就业劳动组织从业人员等，下同）； （三）本市中等职业学校和高等院校的毕业学年学生； （四）退役士兵、残疾人、服刑、戒毒人员等经认定的人员。 ◎ 补贴对象在补贴培训实施机构参加纳入补贴培训目录的培训项目，考核鉴定合格的，按以下比例享受培训补贴： （一）第六条第（一）类对象参加补贴培训目录内的培训项目，可按规定的补贴标准享受100%培训补贴； （二）第六条第（二）类对象参加补贴培训目录内紧缺急需的培训项目，可按规定的补贴标准享受80%培训补贴；参加补贴培训目录内其他培训项目，可按规定的补贴标准享受60%培训补贴。 （三）第六条第（三）类对象参加补贴培训目录内中级或单项技术类专项职业能力项目鉴定且合格的，可按规定的补贴标准享受考核鉴定费补贴；其中，高等院校毕业学年学生参加补贴培训目录内紧缺急需的中级以上或单项技术类专项职业能力的培训项目，可按规定的补贴标准享受80%培训补贴；参加补贴培训目录内其他中级以上或单项技术类专项职业能力的培训项目，可按规定的补贴标准享受60%培训补贴。 （四）第六条第（四）类对象中退役士兵在退役后五年内参加补贴培训目录内的培训项目，残疾人参加补贴培训目录内的培训项目，服刑、戒毒人员回归社会前	2017.4.1 ～ 2027.3.31

(续表)

文 号	标 题	内 容 摘 要	执行时间
上海市人力资源和社会保障局沪人社职发[2016]55号	关于印发《上海市社会化职业技能培训补贴管理办法》的通知	经所在监狱、戒毒所批准参加补贴培训目录内经认定的培训项目,可按规定的补贴标准享受100%培训补贴。其他经认定的人员按相关规定享受培训补贴。 ◎ 补贴对象参加补贴培训目录内高级以下或专项职业能力的培训项目,鉴定不合格的,不予补贴;参加补贴培训目录内技师、高级技师培训项目,鉴定不合格的,按照鉴定合格可享受培训补贴的50%予以补贴。	2017.4.1 ～ 2027.3.31
人力资源社会保障部人社部发[2021]39号	关于全面推行中国特色企业新型学徒制加强技能人才培养的指导意见	◎ 培养目标: 以符合企业岗位需求的中级工、高级工及技师、高级技师为主。培养期限为1—2年,特殊情况可延长到3年。 ◎ 培养对象: 以至少签订1年以上劳动合同的技能岗位新招用和转岗等人员为主要培养对象,企业可结合生产实际自主确定培养对象。 ◎ 经费补贴: 补贴标准由各市(地)以上人力资源社会保障部门会同财政部门确定,学徒每人每年的补贴标准原则上5 000元以上,补贴期限按照实际培训期限(不超过备案期限)计算,可结合经济发展、培训成本、物价指数等情况定期调整。 ◎ 薪资保障: 学徒在学习培训期间,企业应当按照劳动合同法的规定支付工资,且工资不得低于企业所在地最低工资标准。	2021.6.8
上海市人力资源和社会保障局沪人社规[2022]17号	关于本市劳动者申领职业技能提升补贴有关事项的通知	◎ 补贴对象 1. 本市户籍、法定劳动年龄段内的以下对象可享受职业技能提升补贴: (1)与本市用人单位建立劳动关系、参加本市城镇职工社会保险并处于缴费状态的就业人员(以下简称"在职人员"); (2)灵活就业登记或以灵活就业身份参加本市城镇职工社会保险的人员(以下简称	2022.6.1 ～ 2027.5.31

(续表)

文号	标题	内容摘要	执行时间
上海市人力资源和社会保障局沪人社规〔2022〕17号	关于本市劳动者申领职业技能提升补贴有关事项的通知	"灵活就业人员");(3)残疾人、退役五年内的退役士兵;(4)经市人力资源社会保障部门公示的就业困难人员(以下简称"就业困难人员");(5)本市中等职业学校和高等院校的毕业学年学生;(6)失业人员、协保人员、原农村富余劳动力,以及未进行就业失业登记的其他人员。 2. 外省市户籍在本市就业的在职人员,参照本市户籍在职人员享受职业技能提升补贴;外省市户籍在本市中等职业学校和高等院校就读的毕业学年学生,参照本市户籍毕业学年学生享受职业技能提升补贴。 ◎ 补贴项目 1. 同时符合以下条件的技能人员国家职业资格证书纳入职业技能提升补贴项目范围: (1)列入人力资源社会保障部公布的国家职业资格目录;(2)按规定由本市行业主管部门或其授权单位组织实施;(3)经本市相关行业主管部门会商人力资源社会保障部门、市财政部门后予以发布;(4)证书信息在上海市人力资源和社会保障局官方网站中可查询。 2. 同时符合以下条件的职业技能等级证书纳入职业技能提升补贴项目范围: (1)经本市人力资源社会保障部门备案的职业技能等级认定项目;(2)由经本市人力资源社会保障部门备案的评价机构按规定组织实施;(3)证书信息在上海市人力资源和社会保障局官方网站中可查询。 ◎ 补贴条件 补贴对象范围内的劳动者参加上述补贴项目的职业技能评价,并取得相应职业资格证书或职业技能等级证书(以下简称"职业技能证书")后,可申请职业技能提升补贴。	2022.6.1 ~ 2027.5.31

(续表)

文号	标题	内容摘要	执行时间
上海市人力资源和社会保障局沪人社规[2022]17号	关于本市劳动者申领职业技能提升补贴有关事项的通知	同一职业(工种)同一等级只可申请一次补贴。劳动者已享受过相关职业(工种)等级补贴的,不可再次享受该职业(工种)等级及以下等级的职业技能提升补贴。 　　劳动者通过企业直接认定、竞赛晋升或表彰取得的职业技能证书,不可申请职业技能提升补贴。公务员、事业单位从事非技能岗位的从业人员参加技能评价取得的职业技能证书,不可申请职业技能提升补贴。 ◎ 补贴标准 　　根据劳动者取得职业技能证书不同等级,补贴标准分别为初级工(五级)1 500元/人,中级工(四级)2 000元/人,高级工(三级)2 500元/人,技师(二级)3 000元/人,高级技师(一级)3 500元/人,不区分等级的职业资格证书为1 000元/人。 　　补贴对象范围内的在职人员按补贴标准的80%享受职业技能提升补贴;高等院校毕业学年学生在毕业学年取得中级及以上职业技能证书,按补贴标准的80%享受职业技能提升补贴;中等职业学校毕业学年学生在毕业学年取得职业技能证书,按补贴标准的80%享受1次职业技能提升补贴;本市户籍残疾人、退役五年内的退役士兵,以及灵活就业人员、就业困难人员、失业人员、协保人员、原农村富余劳动力、未进行就业失业登记的其他人员按补贴标准享受100%职业技能提升补贴。 ◎ 补贴申请 　　劳动者按规定参加职业技能评价,并取得职业技能证书的,可自证书颁发之日起12个月内,通过"上海人社"App或各区就业促进中心窗口申请职业技能提升补贴。	2022.6.1 ~ 2027.5.31

(续表)

文号	标题	内容摘要	执行时间
上海市人力资源和社会保障局沪人社规[2021]4号	关于进一步落实受疫情影响企业职工线上职业培训补贴政策有关事项的通知	◎受疫情影响企业职工线上职业培训采取先申报备案、后组织培训、再申请补贴的方式实施,通过人社自助经办系统"惠企点单办"实现网上办理。 ◎补贴标准:每人每个培训项目600元,每个项目培训课程时长不少于24课时。原则上每人每年可享受1次培训补贴,同一职工同一培训项目不得重复享受补贴。	2021.2.8

五、简化高校毕业生就业手续

文号	标题	内容摘要	执行时间
国务院办公厅国办发[2022]13号	关于进一步做好高校毕业生等青年就业创业工作的通知	◎从2023年起,不再发放《全国普通高等学校本专科毕业生就业报到证》和《全国毕业研究生就业报到证》(以下统称就业报到证),取消就业报到证补办、改派手续,不再将就业报到证作为办理高校毕业生招聘录用、落户、档案接收转递等手续的必需材料。 ◎取消高校毕业生离校前公共就业人才服务机构在就业协议书上签章环节,取消高校毕业生离校后到公共就业人才服务机构办理报到手续。 ◎入职体检不得违法违规开展乙肝、孕检等检测。对外科、内科、胸透X线片等基本健康体检项目,高校毕业生近6个月内已在合规医疗机构进行体检的,用人单位应当认可其结果,原则上不得要求其重复体检,法律法规另有规定的从其规定。	2022.5.5

第四部分 事业单位人事管理

一、招聘和竞聘

文 号	标 题	内 容 摘 要	执行时间
中华人民共和国国务院令第652号	事业单位人事管理条例	◎ 事业单位新聘用工作人员,应当面向社会公开招聘。但是,国家政策性安置、按照人事管理权限由上级任命、涉密岗位等人员除外。 ◎ 事业单位公开招聘工作人员按照下列程序进行: (一)制定公开招聘方案; (二)公布招聘岗位、资格条件等招聘信息; (三)审查应聘人员资格条件; (四)考试、考察; (五)体检; (六)公示拟聘人员名单; (七)订立聘用合同,办理聘用手续。 ◎ 事业单位内部产生岗位人选,需要竞聘上岗的,按照下列程序进行: (一)制定竞聘上岗方案; (二)在本单位公布竞聘岗位、资格条件、聘期等信息; (三)审查竞聘人员资格条件; (四)考评; (五)在本单位公示拟聘人员名单; (六)办理聘任手续。	2014.7.1
中共上海市委组织部、上海市人力资源和社会保障局沪人社规〔2018〕33号	关于印发《上海市事业单位聘用合同管理办法》的通知	◎ 受聘人员与聘用单位负责人员有夫妻关系、直系血亲关系、三代以内旁系血亲或者近姻亲关系的,不得被聘用从事该单位人事、财务、纪检监察岗位的工作,也不得在与聘用单位负责人员有直接上下级领导关系的岗位上工作。 聘用工作组织成员在办理人员聘用事项时,遇有上述亲属关系的,应当回避。	2019.1.1 ~ 2028.12.31

二、聘用合同

文　号	标　题	内　容　摘　要	执行时间
中华人民共和国国务院令第652号	事业单位人事管理条例	◎ 聘用合同的订立 　　事业单位与工作人员订立的聘用合同,期限一般不低于3年。 　　初次就业的工作人员与事业单位订立的聘用合同期限3年以上的,试用期为12个月。 　　事业单位工作人员在本单位连续工作满10年且距法定退休年龄不足10年,提出订立聘用至退休的合同的,事业单位应当与其订立聘用至退休的合同。 ◎ 聘用合同的解除 　　事业单位工作人员连续旷工超过15个工作日,或者1年内累计旷工超过30个工作日的,事业单位可以解除聘用合同。 　　事业单位工作人员年度考核不合格且不同意调整工作岗位,或者连续两年年度考核不合格的,事业单位提前30日书面通知,可以解除聘用合同。 　　事业单位工作人员提前30日书面通知事业单位,可以解除聘用合同。但是,双方对解除聘用合同另有约定的除外。 　　事业单位工作人员受到开除处分的,解除聘用合同。 ◎ 自聘用合同依法解除、终止之日起,事业单位与被解除、终止聘用合同人员的人事关系终止。	2014.7.1
中共上海市委组织部、上海市人力资源和社会保障局沪人社规〔2018〕33号	关于印发《上海市事业单位聘用合同管理办法》的通知	◎（聘用合同基本内容）聘用合同应当具备以下条款： 　　（一）聘用合同期限； 　　（二）岗位及其职责要求； 　　（三）岗位纪律； 　　（四）岗位工作条件； 　　（五）工资福利待遇； 　　（六）聘用合同变更和终止的条件； 　　（七）违反聘用合同的责任；	2019.1.1 ～ 2028.12.31

(续表)

文号	标题	内容摘要	执行时间
中共上海市委组织部、上海市人力资源和社会保障局沪人社规〔2018〕33号	关于印发《上海市事业单位聘用合同管理办法》的通知	（八）法律、法规规定应当纳入聘用合同的其他事项。 聘用合同除前款规定的必备条款外，当事人可以协商约定试用期、培训和继续教育、知识产权保护、解聘提前通知时限等条款。 ◎（试用期约定）初次就业的受聘人员与聘用单位订立的聘用合同期限3年（含）以上的，试用期为12个月。 除前款规定情形外，试用期不得超过6个月。 ◎（服务期约定）聘用合同当事人可以对由聘用单位出资招聘、培训或者提供其他特殊待遇的受聘人员的服务期作出约定。 ◎（保密、脱密规定）受聘人员在涉及国家秘密岗位工作的，应当遵守国家和本市有关涉密人员管理的规定。 受聘人员在涉及聘用单位秘密的岗位工作的，聘用合同当事人可以在聘用合同或者保密协议中约定保密义务。双方就受聘人员解聘提前通知时限作出约定的，提前通知时限不得超过6个月。 ◎（专业技术人员创新创业的聘用合同变更）受聘人员中专业技术人员依照规定开展创新创业，具有下列情形之一，聘用单位应当与其变更聘用合同： （一）选派到企业挂职或者参与项目合作的； （二）到与本单位业务领域相近企业、科研机构、高校、社会组织等兼职的； （三）利用与本人从事专业相关的创业项目在职创办企业的； （四）带着科研项目和成果离岗创办科技型企业或者到企业开展创新工作的； （五）法律、法规规定的其他情形。	2019.1.1 ～ 2028.12.31

(续表)

文号	标题	内容摘要	执行时间
中共上海市委组织部、上海市人力资源和社会保障局沪人社规〔2018〕33号	关于印发《上海市事业单位聘用合同管理办法》的通知	具体变更内容由双方协商确定，主要包括：时间期限、基本待遇、保密义务、知识产权保护、成果归属和权益分配等内容。 ◎（应当订立而未订立书面合同）应当订立书面聘用合同而未订立，但受聘人员按照聘用单位要求履行了工作义务的，当事人的聘用关系成立，受聘人员的工作条件、工资福利待遇等依法依规进行确定。 ◎（聘用单位应当解除聘用合同的情形）受聘人员具有下列情形之一，聘用单位应当解除聘用合同： （一）试用期满考核不合格的； （二）被判处有期徒刑（含）以上刑罚的； （三）受到开除处分的； （四）在公开招聘中违反规定存在违规违纪行为的； （五）法律、法规规定的其他情形。 ◎（聘用合同的过失性解除）受聘人员具有下列情形之一的，聘用单位可以书面通知受聘人员，单方面解除聘用合同： （一）在试用期内被证明不符合本岗位要求又不同意单位调整其工作岗位的； （二）连续旷工超过15个工作日或者1年内累计旷工超过30个工作日的； （三）未经聘用单位同意，擅自出国或者出国逾期不归的； （四）违反工作规定或者操作规程，发生责任事故，或者失职、渎职，造成严重后果的； （五）严重扰乱工作秩序，致使本单位、其他单位工作不能正常进行的； （六）被判处拘役、管制的； （七）法律、法规规定的其他情形。 ◎（聘用合同的非过失性解除）受聘人员具	2019.1.1～2028.12.31

(续表)

文号	标题	内容摘要	执行时间
中共上海市委组织部、上海市人力资源和社会保障局沪人社规〔2018〕33号	关于印发《上海市事业单位聘用合同管理办法》的通知	有下列情形之一的,聘用单位可以解除聘用合同,但是应当提前30日以书面形式通知受聘人员,或者额外支付受聘人员一个月工资: (一)受聘人员患病或者非因工负伤,医疗期满后,不能从事原工作也不能从事聘用单位安排的其他工作的; (二)受聘人员年度考核不合格且不同意调整工作岗位,或者连续两年年度考核不合格的; (三)聘用合同订立时所依据的客观情况发生重大变化,致使原聘用合同无法履行,经当事人协商不能就变更聘用合同达成一致的。 ◎(聘用单位不得解除聘用合同的情形)受聘人员具有下列情形之一的,聘用单位不得依据本管理办法第三十一条第(一)项、第三十二条解除聘用合同: (一)受聘人员患病或者负伤,在规定的医疗期内的; (二)女职工在孕期、产期和哺乳期内的; (三)因工负伤,经治疗伤情相对稳定后,经劳动能力鉴定机构鉴定为1至4级伤残等级的; (四)从事接触职业病危害作业的受聘人员未进行离岗前职业健康检查,或者疑似职业病病人在诊断或者医学观察期间的; (五)患职业病以及现有医疗条件下难以治愈的严重疾病或者精神病的; (六)属于本办法第二十六条规定的情形开展创新创业的; (七)法律、法规规定的其他情形。 ◎(暂缓办理解除、终止聘用合同手续)受	2019.1.1 ~ 2028.12.31

(续表)

文号	标题	内容摘要	执行时间
中共上海市委组织部、上海市人力资源和社会保障局沪人社规[2018]33号	关于印发《上海市事业单位聘用合同管理办法》的通知	聘人员在行政处分立案调查期间或正在接受纪律审查或监察调查尚未作出结论的,暂缓办理解除、终止聘用合同手续,受聘人员的工资福利待遇,依法依规进行确定。 ◎(受聘人员随时解除聘用合同的情形)具有下列情形之一的,受聘人员可以书面通知聘用单位,解除聘用合同: (一)在试用期内的; (二)考入全日制普通高等院校或科研院所的; (三)被录用、选调或聘任到国家机关工作的; (四)依法服兵役的; (五)聘用单位未按照聘用合同约定支付工资报酬、提供工作条件和福利待遇的; (六)聘用单位以暴力、胁迫或者非法限制人身自由等手段强迫工作的。 ◎(受聘人员提前30日解除合同)除本办法第三十五条规定情形外,受聘人员提前30日书面通知聘用单位,可以解除聘用合同。但是,双方对解除聘用合同另有约定的,从其约定。 ◎(聘用合同终止的情形)具有下列情形之一的,聘用合同终止: (一)聘用合同期满的; (二)当事人约定的聘用合同终止条件出现的; (三)受聘人员开始依法享受基本养老保险待遇或者达到法定退休年龄的; (四)受聘人员死亡,或者被人民法院宣告死亡或者宣告失踪的; (五)聘用单位被撤销、解散的; (六)法律、法规规定的其他情形。 ◎(聘用单位不得终止聘用合同的情形)聘	2019.1.1～2028.12.31

(续表)

文 号	标 题	内 容 摘 要	执行时间
中共上海市委组织部、上海市人力资源和社会保障局沪人社规[2018]33号	关于印发《上海市事业单位聘用合同管理办法》的通知	用合同期满或者当事人约定的聘用合同终止条件出现,受聘人员具有下列情形之一的,聘用单位不得终止聘用合同: （一）因工负伤,经治疗伤情相对稳定后,经劳动能力鉴定机构鉴定为1至4级伤残等级的; （二）患职业病以及现有医疗条件下难以治愈的严重疾病或者精神病的; （三）法律、法规规定的其他情形。 ◎（特殊情形的聘用合同期限顺延）聘用合同期满或者当事人约定的聘用合同终止条件出现,受聘人员具有下列情形之一,同时不属于本办法第三十一条第（二）、（三）、（四）、（五）、（六）项规定的,聘用合同期限顺延至下列情形消失: （一）受聘人员患病或者负伤,在规定的医疗期内的; （二）女职工在孕期、产期和哺乳期内的; （三）从事接触职业病危害作业的受聘人员未进行离岗前职业健康检查,或者疑似职业病病人在诊断或者医学观察期间的; （四）处于行政处分立案调查期间,或正在接受纪律审查或监察调查尚未作出结论的; （五）属于本办法第二十六条第（四）项情形离岗创新创业的; （六）法律、法规规定的其他情形。 ◎（应当订立而未订立聘用合同的终止）聘用单位应当订立聘用合同而未订立的,受聘人员可以终止聘用关系。 由于受聘人员的原因,双方存在事实聘用关系但未订立聘用合同的,聘用单位提前30日通知受聘人员或者额外支付1个	2019.1.1 ~ 2028.12.31

(续表)

文号	标题	内容摘要	执行时间
中共上海市委组织部、上海市人力资源和社会保障局沪人社规〔2018〕33号	关于印发《上海市事业单位聘用合同管理办法》的通知	月工资,可以终止聘用关系。受聘人员具有本办法第三十八条、第三十九条规定的情形的,按前述规定处理。法律、法规另有规定的,从其规定。 ◎(解除或者终止聘用合同的经济补偿)具有下列情形之一的,聘用单位应当按照受聘人员在本单位实际工作年限,每工作1年给予1个月工资的标准,进行经济补偿: 　(一)聘用单位提出解除聘用合同,受聘人员同意解除的; 　(二)受聘人员患病或者非因工负伤,医疗期满后,不能从事原工作也不能从事由单位安排的其他工作,聘用单位单方面解除聘用合同的; 　(三)受聘人员年度考核不合格且不同意调整工作岗位,或者连续两年年度考核不合格,聘用单位单方面解除聘用合同的; 　(四)聘用合同订立时所依据的客观情况发生重大变化,致使原聘用合同无法履行,经当事人协商不能就变更聘用合同达成一致,由聘用单位单方面解除合同的; 　(五)聘用单位未按照聘用合同约定支付工资报酬、提供工作条件和福利待遇的; 　(六)聘用单位以暴力、胁迫或者非法限制人身自由等手段强迫工作的; 　(七)聘用单位被撤销、解散,不能安置受聘人员就业或者接受安置单位重新计算本单位工作年限的。 ◎(经济补偿金的计算标准)计算经济补偿以受聘人员上年月平均收入为标准;上年聘用不满12个月但聘用期限满12个月的,以解除或者终止聘用合同前12个月的	2019.1.1 ～ 2028.12.31

(续表)

文号	标题	内容摘要	执行时间
中共上海市委组织部、上海市人力资源和社会保障局沪人社规[2018]33号	关于印发《上海市事业单位聘用合同管理办法》的通知	月平均收入为标准；聘用期限不满12个月的，以实际聘用月份数计算月平均收入。 受聘人员月平均收入高于上年度本市职工平均工资3倍以上的，按上年度本市职工平均工资的3倍支付经济补偿金。 受聘人员在聘用单位工作年限，满6个月不满1年的，按1年计算；不满6个月的，按半年计算。 ◎（医疗补助费）聘用单位依据本办法第三十二条第（一）项的规定解除聘用合同的，除按规定给予经济补偿外，还应当支付相当于6个月工资的医疗补助费。 ◎（参照执行对象）社会团体中使用事业单位编制的工作人员，除经批准参照公务员法管理的以外，参照本办法的规定执行。	2019.1.1 ～ 2028.12.31

三、考核和培训

文号	标题	内容摘要	执行时间
人力资源社会保障部人社部发[2023]6号	关于印发《事业单位工作人员考核规定》的通知	◎ 事业单位或者主管机关（部门）按照干部人事管理权限及规定的标准和程序，对事业单位工作人员的政治素质、履职能力、工作实绩、作风表现等进行的了解、核实和评价。以岗位职责和所承担的工作任务为基本依据，全面考核德、能、勤、绩、廉，突出对德和绩的考核。 ◎ 事业单位工作人员考核的方式主要是年度考核和聘期考核，根据工作实际开展平时考核、专项考核。平时考核、专项考核结果作为年度考核、聘期考核的重要参考。 ◎ 考核结果与选拔任用、培养教育、管理监督、激励约束、问责追责等结合起来，作为事业单位工作人员调整岗位、职务、职员等级、工资和评定职称、奖励，以及变更、续订、解除、终止聘用（任）合同等的依据。	2023.1.12

(续表)

文 号	标 题	内 容 摘 要	执行时间
人力资源社会保障部人社部发〔2023〕6号	关于印发《事业单位工作人员考核规定》的通知	◎ 聘期考核被确定为不合格档次的,合同期满一般不再续聘;特殊情况确需续订聘用(任)合同的,应当报经主管机关(部门)审核同意。 ◎ 对同时在事业单位管理岗位和专业技术岗位两类岗位任职人员的考核,应当以两类岗位的职责任务为依据,实行双岗位双考核。 ◎ 病假、事假、非单位派出外出学习培训累计超过考核年度半年的事业单位工作人员,参加年度考核,不确定档次。 女职工按规定休产假超过考核年度半年的,参加年度考核,确定档次。 涉嫌违纪违法被立案审查调查尚未结案的,参加年度考核,不写评语,不确定档次。结案后未受处分或者给予警告处分的,按规定补定档次。 受党纪政务处分或者组织处理、诫勉的事业单位工作人员参加年度考核,按照有关规定办理。同时受党纪政务处分和组织处理的,按照对其年度考核结果影响较重的处理、处分确定年度考核结果。 对无正当理由不参加考核的事业单位工作人员,经教育后仍拒绝参加的,直接确定其考核档次为不合格。 ◎ 事业单位工作人员对考核确定为基本合格或者不合格档次不服的,可以按照有关规定申请复核、提出申诉。 ◎ 机关工勤人员的考核,参照本规定执行。	2023.1.12
中华人民共和国国务院令第652号	事业单位人事管理条例	◎ 考核结果作为调整事业单位工作人员岗位、工资以及续订聘用合同的依据。 ◎ 事业单位应当根据不同岗位的要求,编制工作人员培训计划,对工作人员进行分级分类培训。 工作人员应当按照所在单位的要求,参加岗前培训、在岗培训、转岗培训和为完成特定任务的专项培训。	2014.7.1

(续表)

文　号	标　题	内　容　摘　要	执行时间
上海市人力资源和社会保障局沪人社专〔2022〕43号	关于印发《上海市事业单位工作人员考核办法（试行）》的通知	◎年度考核结果分为优秀、合格、基本合格、合格和不合格。 ◎年度考核优秀档次人数一般不超过本单位参加年度考核人数的20%。优秀档次名额应当向条件艰苦、任务繁重、一线岗位以及获得表彰奖励的人员倾斜。 　　对获得集体记功以上奖励的，取得重大工作创新或者作出突出贡献的，单位绩效考核获得优秀档次的，经主管部门或者同级事业单位人事综合管理部门批准，优秀档次比例可以适当增加，最多不超过25%。对单位绩效考核定为不合格或者被问责的事业单位，年度考核优秀档次比例一般不得超过15%。 ◎事业单位工作人员年度考核确定为合格及以上档次的，本年度计算为现聘岗位（职员）等级的任职年限。其中，年度考核被确定为优秀档次的，在绩效工资分配时同等条件下予以倾斜，在岗位（职员）等级晋升、职称评聘时，同等条件下予以优先考虑；晋升上一级职员等级所要求的任职年限缩短半年。年度考核优秀档次可以作为给予奖励的条件之一。 ◎事业单位工作人员年度考核被确定为基本合格档次的，本年度不计算为现聘岗位（职员）等级的任职年限；连续两年被确定为基本合格档次的，按照有关规定调整岗位（职员）等级。 ◎事业单位工作人员年度考核被确定为不合格档次的，本年度不计算为现聘岗位（职员）等级的任职年限，并按照有关规定调整岗位（职员）等级。 　　被确定为不合格档次且不同意调整工作岗位，或者连续两年被确定为不合格档次的，可以解除聘用合同。 ◎参加年度考核不确定档次的，本年度不计算为现聘职员等级的任职年限。	2022.2.16

(续表)

文　号	标　题	内　容　摘　要	执行时间
上海市人力资源和社会保障局沪人社专[2022]43号	关于印发《上海市事业单位工作人员考核办法（试行）》的通知	◎ 事业单位工作人员在试用期内参加年度考核，只写评语，不确定档次。 ◎ 考核年度内病假（因公负伤除外）、事假、非单位派外出学习培训累计半年以上的工作人员，参加年度考核，不确定档次。 ◎ 挂职、援派、驻外的工作人员，在外派期间一般由当年工作半年以上的单位进行考核，并以适当方式听取派出单位或者接收单位的意见。 ◎ 经组织批准派出学习培训、执行其他任务的工作人员，或者经批准以选派到企业工作或参与项目合作、离岗创办企业等方式进行创新创业的事业单位专业技术人员，由人事关系所在单位根据相关单位提供的学习培训、执行任务、创新创业的表现情况进行考核，确定考核档次。对兼职人员的考核，以其本职岗位为基础，结合兼任职务的职责要求，进行综合考核。 ◎ 事业单位工作人员有受相应处分等特殊情形的，其年度考核按照有关规定执行。涉嫌违法违纪被立案调查尚未结案的，参加年度考核，不写评语、不确定档次。结案后未作处分的，立案审查期间按照正常考核补定档次；受处分的，按照有关规定执行。 ◎ 对无正当理由不参加年度考核的工作人员，经教育后仍然拒绝参加的，其年度考核结果直接确定为不合格档次。	2022.2.16

四、处分

文号	标题	内容摘要	执行时间
人力资源社会保障部人社部发〔2023〕58号	关于印发《事业单位工作人员处分规定》的通知	◎处分的种类：(一)警告；(二)记过；(三)降低岗位等级；(四)开除。 ◎处分的期间：(一)警告，六个月；(二)记过，十二个月；(三)降低岗位等级，二十四个月。 　　处分决定自作出之日起生效，处分期自处分决定生效之日起计算。 ◎处分的后果： 　　在作出警告处分决定的当年，不能确定为年度考核优秀档次；受到记过处分的当年，受到降低岗位等级处分的当年及第二年，参加年度考核，只写评语，不确定档次。 　　自降低岗位等级处分决定生效之日起，降低一个以上岗位和职员等级聘用，按照事业单位收入分配有关规定确定其工资待遇；对同时在管理和专业技术两类岗位任职的事业单位工作人员发生违规违纪违法行为的，给予降低岗位等级处分时，应当同时降低两类岗位的等级，并根据违规违纪违法的情形与岗位性质的关联度确定降低岗位类别的主次。 　　在受处分期间，不得聘用到高于现聘岗位和职员等级。受到开除处分的，自处分决定生效之日起，终止其与事业单位的人事关系。 　　事业单位工作人员受到记过以上处分的，在受处分期间不得参加专业技术职称评审或者工勤技能人员职业技能等级认定。 ◎同时有两种以上需要给予处分的行为的，应当分别确定其处分。种类不同的，执行其中最重的处分；应当给予开除以外多个相同种类处分的，执行该处分， ◎处分期：应当按照一个处分期以上、多个处分期之和以下确定，但是最长不得超过四十八个月。	2023.11.6

(续表)

文号	标题	内容摘要	执行时间
人力资源社会保障部人社部发[2023]58号	关于印发《事业单位工作人员处分规定》的通知	在受处分期间受到新的处分的,其处分期为原处分期尚未执行的期限与新处分期限之和,但是最长不得超过四十八个月。 ◎ 事业单位工作人员二人以上共同违规违纪违法,需要给予处分的,按照各自应当承担的责任,分别给予相应的处分。 ◎ 应当从重处分的情形: (一)在处分期内再次故意违规违纪违法,应当受到处分的;(二)在二人以上的共同违规违纪违法行为中起主要作用的;(三)隐匿、伪造、销毁证据的;(四)串供或者阻止他人揭发检举、提供证据材料的;(五)包庇同案人员的;(六)胁迫、唆使他人实施违规违纪违法行为的;(七)拒不上交或者退赔违规违纪违法所得的;(八)法律、法规、规章规定的其他从重情节。 ◎ 可以从轻或者减轻给予处分的情形: (一)主动交代本人应当受到处分的违规违纪违法行为的;(二)配合调查,如实说明本人违规违纪违法事实的;(三)主动采取措施,有效避免、挽回损失或者消除不良影响的;(四)检举他人违规违纪违法行为,情况属实的;(五)在共同违规违纪违法行为中起次要或者辅助作用的;(六)主动上交或者退赔违规违纪违法所得的;(七)其他从轻或者减轻情节。 ◎ 违规违纪违法行为情节轻微,且具有可以从轻或者减轻给予处分的情形之一的,可以对其进行谈话提醒、批评教育、责令检查或者予以诫勉,免予或者不予处分。 ◎ 事业单位工作人员因不明真相被裹挟或者被胁迫参与违规违纪违法活动,经批评教育后确有悔改表现的,可以减轻、免予或者不予处分。	2023.11.6

(续表)

文号	标题	内容摘要	执行时间
人力资源社会保障部人社部发[2023]58号	关于印发《事业单位工作人员处分规定》的通知	◎ 事业单位工作人员受开除以外的处分,在受处分期间有悔改表现,并且没有再出现违规违纪违法情形的,处分期满后自动解除处分。 　　处分解除后,考核及晋升岗位和职员等级、职称、工资待遇按照国家有关规定执行,不再受原处分的影响。但是,受到降低岗位等级处分的,不恢复受处分前的岗位、职员等级、工资待遇;无岗位、职员等级可降而降低薪级工资的,处分解除后,不恢复受处分前的薪级工资。 ◎ 事业单位工作人员受到开除处分后,事业单位应当及时办理档案和社会保险关系转移手续,具体办法按照有关规定执行。 ◎ 对事业单位工作人员处分工作中有滥用职权、玩忽职守、徇私舞弊、收受贿赂等违规违纪违法行为的工作人员,按照有关规定给予处分;涉嫌犯罪的,依法追究刑事责任。 ◎ 对机关工勤人员给予处分,参照本规定执行。	2023.11.6

五、人事争议处理

文号	标题	内容摘要	执行时间
中华人民共和国国务院令第652号	事业单位人事管理条例	◎ 事业单位工作人员与所在单位发生人事争议的,依照《中华人民共和国劳动争议调解仲裁法》等有关规定处理。	2014.7.1

第五部分 工会 集体协商 民主管理

第二十一章 工　　会

一、工会组织

文　号	标　题	内　容　摘　要	执行时间
全国人民代表大会主席令第57号	中华人民共和国工会法	◎ 企业、事业单位、机关有会员二十五人以上的,应当建立基层工会委员会。 　　企业工会委员会由会员大会或会员代表大会差额选举产生,选举结果报上一级工会批准,每届任期三年或者五年。 ◎ 上级工会可以派员帮助和指导企业职工组建工会,任何单位和个人不得阻挠。任何组织和个人不得随意撤销、合并工会组织。	1992.4.3 2001.10.27 第一次修正 2009.8.27 第二次修正 2021.12.24 第三次修正

二、工会经费及财产

文　号	标　题	内　容　摘　要	执行时间
全国人民代表大会主席令第57号	中华人民共和国工会法	◎ 建立工会组织的用人单位按每月全部职工工资总额的百分之二向工会拨缴经费。 ◎ 工会的财产、经费和国家拨给工会使用的不动产,任何组织和个人不得侵占、挪用和任意调拨。工会所属的为职工服务的企业、事业单位,其隶属关系不得随意改变。	1992.4.3 2001.10.27 第一次修正 2009.8.27 第二次修正 2021.12.24 第三次修正
中国工会第十八次全国代表大会	中国工会章程	◎ 工会组织合并,其经费资产归合并后的工会所有;工会组织撤销或者解散,其经费资产由上级工会处置。	2023.10.12

(续表)

文 号	标 题	内 容 摘 要	执行时间
中华全国总工会厅字[2022]47号	关于实施小额缴费工会组织工会经费全额返还支持政策的通知	◎ 支持政策对象：全年上缴工会经费低于1万元(不含)的小额缴费工会组织。 ◎ 操作流程：建立工会组织的用人单位要依据《工会法》有关规定，按照全部职工工资总额的2%及时足额拨缴工会经费。上级工会要建立小额缴费工会组织工会经费收缴台账，按照调整后的经费上缴周期及时汇算其年度上缴经费，并于每年11月底前足额返还其上缴的工会经费。	2023.1.1 ～ 2024.12.31

三、工会工作者活动保障

文 号	标 题	内 容 摘 要	执行时间
全国人民代表大会主席令第57号	中华人民共和国工会法	◎ 工会主席、副主席任期未满时，不得随意调动其工作。因工作需要调动时，应当征得本级工会委员会和上一级工会的同意。罢免工会主席、副主席必须召开会员大会或者会员代表大会讨论，非经会员大会全体会员或者会员代表大会全体代表过半数通过，不得罢免。 ◎ 基层工会专职主席、副主席或者委员自任职之日起，其劳动合同期限自动延长，延长期限相当于其任职期间；非专职主席、副主席或者委员自任职之日起，其尚未履行的劳动合同期限短于任期的，劳动合同期限自动延长至任期期满。 ◎ 基层工会的非专职委员占用生产或者工作时间参加会议或者从事工会工作，每月不超过三个工作日，其工资照发，其他待遇不受影响。 ◎ 用人单位工会委员会的专职工作人员的工资、奖励、补贴，由所在单位支付。社会保险和其他福利待遇等，享受本单位职工同等待遇。	1992.4.3 2001.10.27 第一次修正 2009.8.27 第二次修正 2021.12.24 第三次修正

第二十二章　集体协商与集体合同

一、集体协商

文号	标题	内容摘要	执行时间
上海市人民代表大会常务委员会公告第78号	上海市集体合同条例	◎ 协商代表具体人数由双方协商确定，但每方协商代表人数不得少于三人，企业一方的协商代表不得多于职工一方的协商代表。 ◎ 已经建立工会的企业，职工一方的协商代表由本企业工会选派，建立女职工委员会的，应当有女性协商代表。首席代表由工会主要负责人担任。 　　尚未建立工会的企业，职工一方的协商代表由上级工会指导职工民主推荐，并经本企业半数以上职工同意，首席代表由协商代表民主推荐产生。 ◎ 企业一方的协商代表由企业法定代表人指派，首席代表由法定代表人或者其书面委托的人担任。 ◎ 集体协商双方根据实际需要可以聘请本企业以外的专业人员担任本方协商代表，但其人数不得超过本方协商代表人数的三分之一。 ◎ 协商代表履行代表职责的期限，由被代表方确定，但最长至集体合同期满时为止；因集体协商达不成一致或者未能签订集体合同的，协商代表履行代表职责的期限为自担任协商代表起六个月。 ◎ 本企业产生的协商代表在工作时间内参加集体协商，以及在履职期限内利用不超过三个工作日的工作时间，从事搜集与集体协商有关资料等活动，视为提供了正常劳动，工资及各项福利不受影响。	2008.1.1 2015.6.18 修正

(续表)

文 号	标 题	内 容 摘 要	执行时间
上海市人民代表大会常务委员会公告第78号	上海市集体合同条例	◎ 职工一方的协商代表在履行代表职责期间，企业无正当理由不得变更其工作岗位。 ◎ 集体协商双方的任何一方均可以向对方以书面形式提出进行集体协商的建议。另一方在收到集体协商建议书之日起十五日内应当给予书面答复，拒绝集体协商的，应当有正当的理由。 　　集体协商的任何一方因下列事项向对方提出集体协商建议的，另一方不得拒绝或者拖延： 　　（一）需要裁减人员二十人以上或者裁减不足二十人但占企业职工总数百分之十以上的； 　　（二）劳动纠纷导致群体性停工、上访的； 　　（三）生产过程中发现存在重大事故隐患或者职业危害。 ◎ 在进行集体协商期间，企业及其职工应当维护本企业正常的生产、工作秩序，不得采取任何影响生产、工作秩序或者社会稳定的行为。 　　企业不得采取下列行为： 　　（一）限制职工一方协商代表的人身自由，或者对其进行侮辱、威胁、恐吓、暴力伤害； 　　（二）拒绝或者阻碍职工进入劳动场所、拒绝提供生产工具或者其他劳动条件； 　　（三）拒绝提供与集体协商议题相关的资料或者提供虚假资料； 　　（四）其他干扰、阻碍集体协商的行为。 　　职工不得采取下列行为： 　　（一）限制企业一方人员的人身自由，或者对其进行侮辱、威胁、恐吓、暴力伤害；	2008.1.1 2015.6.18修正

(续表)

文号	标题	内容摘要	执行时间
上海市人民代表大会常务委员会公告第78号	上海市集体合同条例	（二）违反劳动合同约定，不完成劳动任务，或者以各种方式迫使企业其他员工离开工作岗位； （三）破坏企业设备、工具等扰乱企业正常生产、工作秩序和社会公共秩序的行为； （四）其他干扰、阻碍集体协商的行为。 ◎ 职工一方或者企业一方无正当理由拒绝或者拖延另一方的集体协商要求，或者双方在集体协商过程中不能达成一致或者签订集体合同的，职工一方可以提请上级工会、企业一方可以提请企业方面代表进行指导。经指导仍未能达成一致的，集体协商的任何一方可以提请人力资源社会保障部门协调处理。	2008.1.1 2015.6.18修正

二、集体合同

文号	标题	内容摘要	执行时间
劳动和社会保障部令第22号	集体合同规定	◎ 经双方协商代表协商一致的集体合同草案或专项集体合同草案应当提交职工代表大会或者全体职工讨论。 ◎ 职工代表大会或者全体职工讨论集体合同草案或专项集体合同草案，应当有2/3以上职工代表或者职工出席，且须经全体职工代表半数以上或者全体职工半数以上同意，集体合同草案或专项集体合同草案方获通过。 ◎ 集体合同或专项集体合同签订或变更后，应当自双方首席代表签字之日起10日内，由用人单位一方将文本一式三份报送劳动保障行政部门审查。	2004.5.1

（续表）

文 号	标 题	内 容 摘 要	执行时间
劳动和社会保障部令第22号	集体合同规定	劳动保障行政部门自收到文本之日起15日内未提出异议的,集体合同或专项集体合同即行生效。 ◉ 生效的集体合同或专项集体合同,应当自其生效之日起由协商代表及时以适当的形式向本方全体人员公布。	2004.5.1
上海市人民代表大会常务委员会公告第78号	上海市集体合同条例	◉ 集体合同期限一般为一至三年,工资专项集体合同期限一般为一年。 ◉ 集体合同约定的劳动条件、劳动报酬等标准不得低于国家和市人民政府规定的最低标准。 　企业与职工个人签订的劳动合同约定的劳动条件和劳动报酬等标准,或者企业规章制度规定的劳动条件和劳动报酬等标准,不得低于集体合同的规定。 　依法订立的行业性、区域性集体合同对认可该集体合同的企业及其职工具有约束力,企业与其职工签订的集体合同及劳动合同中约定的劳动条件、劳动报酬等标准不得低于行业性、区域性集体合同约定的标准。 ◉ 企业违反集体合同,侵犯职工劳动权益的,工会可以依法要求企业承担责任;因履行集体合同发生争议,经协商解决不成的,工会可以依法申请仲裁、提起诉讼。	2008.1.1 2015.10.1修正实施
中华人民共和国主席令第58号	中华人民共和国妇女权益保障法	职工一方与用人单位订立的集体合同中应当包含男女平等和女职工权益保护相关内容,也可以就相关内容制定专章、附件或者单独订立女职工权益保护专项集体合同。	1992.4.3 2023.1.1第三次修正实施

第二十三章 职工代表大会

一、职工代表大会制度

文号	标题	内容摘要	执行时间
上海市人民代表大会常务委员会公告第30号	上海市职工代表大会条例	◎ 企事业单位应当建立职工代表大会制度。 职工人数在一百人以上的企事业单位应当召开职工代表大会；职工人数不足一百人的企事业单位一般召开职工大会。 ◎ 企事业单位的工会是职工代表大会的工作机构，承担职工代表大会的日常工作。 ◎ 职工代表大会依法行使审议建议、审议通过、审查监督、民主选举、民主评议等职权。 ◎ 职工代表大会每届任期为三年至五年。职工代表大会因故需要延期换届的，延期时间不得超过一年。 职工代表大会每年至少召开一次会议。企事业单位、工会或者三分之一以上职代表提议，可以召开职工代表大会。 ◎ 职工代表大会须有全体职工代表三分之二以上出席，方可召开。 职工代表大会审议通过事项，应采取无记名投票方式，并须获得全体职工代表半数以上赞成票方可通过。 职工代表大会审议通过的事项和决议应当在职工代表大会闭会后向全体职工公布。	2011.5.1 2017.11.23修正

二、职工代表

文号	标题	内容摘要	执行时间
上海市人民代表大会常务委员会公告第 30 号	上海市职工代表大会条例	◎ 职工代表由职工民主选举产生。选举职工代表一般以分公司、分院（校）、部门、班组、科室等为选区。选举应当有选区全体职工三分之二以上参加，候选人获得选区全体职工半数以上赞成票方可当选。选举结果应当公布。 ◎ 职工代表的构成应当以一线职工为主体，中、高层管理人员不超过百分之二十，但跨地区、跨行业的大型集团型企业的比例可以适当提高。女职工代表比例一般与本单位女职工人数所占比例相适应。 ◎ 企事业单位职工代表大会的职工代表名额，按照下列规定确定：(一)职工人数在一百人至三千人的，职工代表名额以三十名为基数，职工人数每增加一百人，职工代表名额增加不得少于五名；(二)职工人数在三千人以上的，职工代表名额不得少于一百七十五名；(三)职工人数不足一百人，实行职工代表大会制度的，职工代表名额不得少于三十名。	2011.5.1 2017.11.23 修正
上海市总工会	上海市企事业单位职工代表大会工作规范	◎ 与企事业单位建立劳动关系和聘用关系的职工、劳务派遣人员、上级委派或由董事会聘任的经营管理人员可以当选为职工代表。	2019.6.17

三、违反职代会条例法律责任

文 号	标 题	内 容 摘 要	执行时间
上海市人民代表大会常务委员会公告第30号	上海市职工代表大会条例	◎ 法律法规规定应当提交职工代表大会审议通过的事项,未按照法定程序提交审议通过的,企事业单位就该事项作出的决定对本单位职工不具有约束力。 　　职工代表大会在其职权范围内审议通过的事项对本单位以及全体职工具有约束力,未经职工代表大会重新审议通过不得变更。	2011.5.1 2017.11.23修正
上海市总工会沪工总民[2014]144号	违反《上海市职工代表大会条例》公共信用信息收集报送管理暂行办法	◎ 企业违反《上海市职工代表大会条例》规定,有下列行为之一的: 　　(一)阻挠建立职工代表大会制度的;(二)妨碍职工代表大会依法行使职权的;(三)应当提交职工代表大会审议和审议通过的事项,未按照法定程序提交,给职工造成损害的;(四)擅自变更或者拒不执行职工代表大会决议并侵害职工权益的。 　　由市或区、县总工会向该企业发出《上海工会〈上海市职工代表大会条例〉监督检查整改意见书》,整改期限一般不超过三个月。企业逾期不改正的,市或区、县总工会可以根据需要向同级国有资产、教育、卫生等主管部门和人力资源社会保障等行政管理部门发出《上海工会〈上海市职工代表大会条例〉监督检查处理建议书》,同时抄报同级人大内司委备案。 　　市总工会依据有关规定向市信用中心报送信息,同时向该企业发出《纳入上海市公共信用信息服务平台告知书》并通报相关新闻媒体。	2014.6.27

第六部分 争议处理

第二十四章 劳动用工相关法律责任

一、招工、退工

文号	标题	内容摘要	执行时间
中华人民共和国主席令第65号	中华人民共和国劳动合同法	◎ 用人单位违反本法规定,扣押劳动者居民身份证等证件的,由劳动行政部门责令限期退还劳动者本人,并依照有关法律规定给予处罚。 ◎ 用人单位违反本法规定,以担保或者其他名义向劳动者收取财物的,由劳动行政部门责令限期退还劳动者本人,并以每人500元以上2000元以下的标准处以罚款;给劳动者造成损害的,应当承担赔偿责任。 ◎ 劳动者依法解除或者终止劳动合同,用人单位扣押劳动者档案或者其他物品的,依照上述规定处罚。 ◎ 用人单位招用与其他用人单位尚未解除或者终止劳动合同的劳动者,给其他用人单位造成损失的,应当承担连带赔偿责任。	2008.1.1 2013.7.1 修正实施
上海市劳动和社会保障局沪劳保关发〔2004〕4号	关于实施《上海市劳动合同条例》若干问题的通知(二)	◎ 劳动合同关系已经解除或者终止,用人单位未按规定出具解除或者终止劳动合同关系的有效证明或未及时办理退工手续,影响劳动者办理失业登记手续造成损失的,应当按照失业保险金有关规定予以赔偿;给劳动者造成其他实际损失的,用人单位应当按照劳动者的请求,赔偿其他实际损失,但不再承担法定失业保险金的赔偿责任。 ◎ 因劳动者原因造成用人单位未能及时办理退工手续的,其损失由劳动者承担。	2004.1.5 ~ 2026.8.15

(续表)

文号	标题	内容摘要	执行时间
劳动和社会保障部令第28号	就业服务与就业管理规定	◎用人单位违反本规定第十九条第二款规定,在国家法律、行政法规和国务院卫生行政部门规定禁止乙肝病原携带者从事的工作岗位以外招用人员时,将乙肝病毒血清学指标作为体检标准的,由劳动保障行政部门责令改正,并可处以一千元以下的罚款;对当事人造成损害的,应当承担赔偿责任。	2008.1.1 2022.1.7 第四次修订
上海市人力资源和社会保障局沪人社规[2023]3号	人力资源社会保障领域轻微违法行为依法不予行政处罚清单(一)	◎符合下列情形的违法行为,不予行政处罚: 用人单位违反《就业服务与就业管理规定》第十九条第二款,在国家法律、行政法规和国务院卫生行政部门规定禁止乙肝病原携带者从事的工作岗位以外招用人员时,将乙肝病毒血清学指标作为体检标准,但没有实际侵害劳动者平等就业和选择职业权利的。	2023.4.1 ~ 2028.3.31
国务院令第535号	中华人民共和国劳动合同法实施条例	用人单位违反劳动合同法有关建立职工名册规定的,由劳动行政部门责令限期改正;逾期不改正的,由劳动行政部门处2 000元以上2万元以下的罚款。	2008.9.18

二、劳动合同的订立和解除

文号	标题	内容摘要	执行时间
中华人民共和国主席令第65号	中华人民共和国劳动合同法	◎用人单位提供的劳动合同文本未载明本法规定的劳动合同必备条款或者用人单位未将劳动合同文本交付劳动者的,由劳动行政部门责令改正;给劳动者造成损害的,应当承担赔偿责任。 ◎用人单位自用工之日起超过1个月不满1年未与劳动者订立书面劳动合同的,应当向劳动者每月支付二倍的工资。	2008.1.1 2013.7.1 修正实施

（续表）

文　号	标　题	内　容　摘　要	执行时间
中华人民共和国主席令第65号	中华人民共和国劳动合同法	◎ 用人单位违反本法规定不与劳动者订立无固定期限劳动合同的，自应当订立无固定期限劳动合同之日起向劳动者每月支付二倍的工资。 ◎ 用人单位违反本法规定与劳动者约定试用期的，由劳动行政部门责令改正；违反约定的试用期已经履行的，由用人单位以劳动者试用期满月工资为标准的，按已经履行的超过法定试用期的期间向劳动者支付赔偿金。 ◎ 用人单位违反本法规定解除或者终止劳动合同的，应当依照本法第四十七条规定的经济补偿标准的二倍向劳动者支付赔偿金。 ◎ 劳动者违反本法规定解除劳动合同，或者违反劳动合同中约定的保密义务或者竞业限制，给用人单位造成损失的，应当承担赔偿责任。 ◎ 用人单位未按规定或约定及时足额支付劳动报酬、低于当地最低工资标准支付劳动者工资、安排加班不支付加班费、未按法律规定支付解除或终止劳动合同的经济补偿的，由劳动行政部门责令期限支付，逾期不支付的，用人单位按应付金额50%～100%的标准向劳动者加付赔偿金。	2008.1.1 2013.7.1 修正实施

三、规章制度

文　号	标　题	内　容　摘　要	执行时间
中华人民共和国主席令第65号	中华人民共和国劳动合同法	◎ 用人单位在制定、修改或者决定规章制度或者重大事项时，应当经职工代表大会或者全体职工讨论，提出方案和意见，与工会或者职工代表平等协商确定。	2008.1.1 2013.7.1 修正实施

第二十四章　劳动用工相关法律责任

(续表)

文　号	标　题	内　容　摘　要	执行时间
中华人民共和国主席令第65号	中华人民共和国劳动合同法	◎ 在规章制度和重大事项决定实施过程中,工会或者职工认为不适当的,有权向用人单位提出,通过协商予以修改完善。 ◎ 用人单位应当将直接涉及劳动者切身利益的规章制度和重大事项决定公示,或者告知劳动者。 ◎ 用人单位的规章制度违反法律、法规的规定,损害劳动者权益的,劳动者可以解除劳动合同。 ◎ 用人单位直接涉及劳动者切身利益的规章制度违反法律、法规规定的,由劳动行政部门责令改正,给予警告;给劳动者造成损害的,应当承担赔偿责任。	2008.1.1 2013.7.1 修正实施
上海市人力资源和社会保障局沪人社规[2023]3号	人力资源社会保障领域轻微违法行为依法不予行政处罚清单(一)	◎ 下列轻微违法行为,及时改正且没有造成危害后果的,不予行政处罚: 违反《中华人民共和国劳动合同法》第四条第二款,用人单位直接涉及劳动者切身利益的规章制度违反法律、法规规定,但相关规章制度实施时间不满三个月的。	2023.4.1 ~ 2028.3.31
最高人民法院法释[2020]26号	关于审理劳动争议案件适用法律问题的解释(一)	◎ 用人单位根据劳动合同法第四条之规定,通过民主程序制定的规章制度,不违反国家法律、行政法规及政策规定,并已向劳动者公示的,可以作为确定双方权利义务的依据。	2021.1.1

四、延长工作时间

文 号	标 题	内 容 摘 要	执行时间
国务院令第423号	劳动保障监察条例	◎ 用人单位违反劳动保障法律、法规或者规章延长劳动者工作时间的,由劳动保障行政部门给予警告,责令限期改正,并可以按照受侵害的劳动者每人100元以上500元以下的标准计算,处以罚款。	2004.12.1
上海市人力资源和社会保障局沪人社规[2023]3号	人力资源社会保障领域轻微违法行为依法不予行政处罚清单(一)	◎ 下列违法行为,初次发生、危害后果轻微且及时改正的,不予行政处罚: 用人单位违反《中华人民共和国劳动法》第四十一、四十三条,违法延长劳动者工作时间,但违法行为涉及劳动者人均月延长工作时间未超过五十四小时,已履行与工会和劳动者的协商程序,及时足额支付加班工资,且没有损害劳动者身体健康的(涉及劳动者人数众多或造成一定社会影响的除外)。	2023.4.1 ~ 2028.3.31

五、劳动报酬、加班费、经济补偿

文 号	标 题	内 容 摘 要	执行时间
中华人民共和国主席令第65号	中华人民共和国劳动合同法	◎ 用人单位有下列情形之一的,由劳动行政部门责令限期支付劳动报酬、加班费或者经济补偿;劳动报酬低于当地最低工资标准的,应当支付其差额部分;逾期不支付的,责令用人单位按应付金额50%以上100%以下的标准向劳动者加付赔偿金: 1. 未按照劳动合同的约定或者国家规定及时足额支付劳动者劳动报酬的; 2. 低于当地最低工资标准支付劳动者工资的; 3. 安排加班不支付加班费的; 4. 解除或者终止劳动合同,未依照本法规定向劳动者支付经济补偿的。	2008.1.1 2013.7.1修正实施

(续表)

文号	标题	内容摘要	执行时间
最高人民法院法释[2013]3号	最高人民法院关于审理拒不支付劳动报酬刑事案件适用法律若干问题的解释	◎ 以逃避支付劳动者的劳动报酬为目的,具有下列情形之一的,应当认定为刑法第二百七十六条之一第一款规定的"以转移财产、逃匿等方法逃避支付劳动者的劳动报酬": (1) 隐匿财产、恶意清偿、虚构债务、虚假破产、虚假倒闭或者以其他方法转移、处分财产的; (2) 逃跑、藏匿的; (3) 隐匿、销毁或者篡改账目、职工名册、工资支付记录、考勤记录等与劳动报酬相关的材料的; (4) 以其他方法逃避支付劳动报酬的。 ◎ 具有下列情形之一的,应当认定为刑法第二百七十六条之一第一款规定的"数额较大": (一) 拒不支付一名劳动者3个月以上的劳动报酬且数额在5 000元至2万元以上的; (二) 拒不支付10名以上劳动者的劳动报酬且数额累计在3万元至10万元以上的。 ◎ 拒不支付劳动者的劳动报酬,符合本解释第三条的规定,并具有下列情形之一的,应当认定为刑法第二百七十六条之一第一款规定的"造成严重后果": (1) 造成劳动者或者其被赡养人、被扶养人、被抚养人的基本生活受到严重影响、重大疾病无法及时医治或者失学的; (2) 对要求支付劳动报酬的劳动者使用暴力或者进行暴力威胁的; (3) 造成其他严重后果的。 ◎ 拒不支付劳动者的劳动报酬,尚未造成严重后果,在刑事立案前支付劳动者的劳动报酬,并依法承担相应赔偿责任的,可以认定为情节显著轻微、危害不大,不认为是犯罪;在提起公诉前支付劳动者的劳动报酬,并依法承担相应赔偿责任的,可以减轻或者免除刑事处罚;在一审宣判前支付劳动者的劳动报酬,并依法承担相应赔偿责任的,可以从轻处罚。 ◎ 对于免除刑事处罚的,可以根据案件的不同情况,予以训诫、责令具结悔过或者赔礼道歉。 ◎ 拒不支付劳动者的劳动报酬,造成严重后果,但在宣判前支付劳动者的劳动报酬,并依法承担相应赔偿责任的,可以酌情从宽处罚。	2013.1.23

六、劳动保护

文　号	标　题	内　容　摘　要	执行时间
中华人民共和国主席令第60号	中华人民共和国职业病防治法	◎ 用人单位违反本法规定,已经对劳动者生命健康造成严重损害的,由卫生行政部门责令停止产生职业病危害的作业,或者提请有关人民政府按照国务院规定的权限责令关闭,并处十万元以上五十万元以下的罚款。 ◎ 用人单位违反本法规定,造成重大职业病危害事故或者其他严重后果,构成犯罪的,对直接负责的主管人员和其他直接责任人员,依法追究刑事责任。	2002.5.1 2011.12.31 第一次修正 2016.7.2 第二次修正 2017.11.4 第三次修正 2018.12.29 第四次修正
国务院令第423号	劳动保障监察条例	◎ 用人单位有下列行为之一的,由劳动保障行政部门责令改正,按照受侵害的劳动者每人1 000元以上5 000元以下的标准计算,处以罚款: 　1. 安排女职工从事矿山井下劳动、国家规定的第四级体力劳动强度的劳动或者其他禁忌从事的劳动的; 　2. 安排女职工在经期从事高处、低温、冷水作业或者国家规定的第三级体力劳动强度的劳动的; 　3. 安排女职工在怀孕期间从事国家规定的第三级体力劳动强度的劳动或者孕期禁忌从事的劳动的; 　4. 安排怀孕7个月以上的女职工夜班劳动或者延长其工作时间的; 　5. 女职工生育享受产假少于90天的; 　6. 安排女职工在哺乳未满1周岁的婴儿期间从事国家规定的第三级体力劳动强度的劳动或者哺乳期禁忌从事的其他劳动的,以及延长其工作时间或者安排其夜班劳动的; 　7. 安排未成年工从事矿山井下、有毒有害、国家规定的第四级体力劳动强度的劳动或者其他禁忌从事的劳动的; 　8. 未对未成年工定期进行健康检查的。	2004.12.1

七、竞业限制

文 号	标 题	内 容 摘 要	执行时间
中华人民共和国主席令第65号	中华人民共和国劳动合同法	◎ 用人单位与劳动者可以在劳动合同中约定保守用人单位的商业秘密和与知识产权相关的保密事项。 ◎ 对负有保密义务的劳动者,用人单位可以在劳动合同或者保密协议中与劳动者约定竞业限制条款,并约定在解除或者终止劳动合同后,在竞业限制期限内按月给予劳动者经济补偿。劳动者违反竞业限制约定的,应当按照约定向用人单位支付违约金。 ◎ 竞业限制的人员限于用人单位的高级管理人员、高级技术人员和其他负有保密义务的人员。竞业限制的范围、地域、期限由用人单位与劳动者约定,竞业限制的约定不得违反法律、法规的规定。 ◎ 在解除或者终止劳动合同后,前款规定的人员到与本单位生产或者经营同类产品、从事同类业务的有竞争关系的其他用人单位,或者自己开业生产或者经营同类产品、从事同类业务的竞业限制期限,不得超过两年。	2008.1.1 2013.7.1修正实施
最高人民法院法释〔2020〕26号	关于审理劳动争议案件适用法律问题的解释(一)	◎ 当事人在劳动合同或者保密协议中约定了竞业限制,但未约定解除或者终止劳动合同后给予劳动者经济补偿,劳动者履行了竞业限制义务,要求用人单位按照劳动者在劳动合同解除或者终止前12个月平均工资的30%按月支付经济补偿的,人民法院应予支持。 　　前款规定的月平均工资的30%低于劳动合同履行地最低工资标准的,按照劳动合同履行地最低工资标准支付。 ◎ 当事人在劳动合同或者保密协议中约定了竞业限制和经济补偿,当事人解除劳动合同时,除另有约定外,用人单位要求劳动者履行竞业限制义务,或者劳动者履行了竞业限制义务后要求用人单位支付经济补偿的,人民法院应予支持。	2021.1.1

(续表)

文　号	标　题	内　容　摘　要	执行时间
最高人民法院法释〔2020〕26号	关于审理劳动争议案件适用法律问题的解释(一)	◎ 当事人在劳动合同或者保密协议中约定了竞业限制和经济补偿,劳动合同解除或者终止后,因用人单位的原因导致3个月未支付经济补偿,劳动者请求解除竞业限制约定的,人民法院应予支持。 ◎ 在竞业限制期限内,用人单位请求解除竞业限制协议时,人民法院应予支持。 ◎ 在解除竞业限制协议时,劳动者请求用人单位额外支付劳动者3个月的竞业限制经济补偿的,人民法院应予支持。 ◎ 劳动者违反竞业限制约定,向用人单位支付违约金后,用人单位要求劳动者按照约定继续履行竞业限制义务的,人民法院应予支持。	2021.1.1

八、社会保险

文　号	标　题	内　容　摘　要	执行时间
中华人民共和国主席令第35号	中华人民共和国社会保险法	◎ 用人单位不办理社会保险登记的,由社会保险行政部门责令限期改正;逾期不改正的,对用人单位处应缴社会保险费数额1倍以上3倍以下的罚款,对其直接负责的主管人员和其他直接责任人员处500元以上3 000元以下的罚款。 ◎ 用人单位未按时足额缴纳社会保险费的,由社会保险费征收机构责令限期缴纳或者补足,并自欠缴之日起,按日加收5‰的滞纳金;逾期仍不缴纳的,由有关行政部门处欠缴数额1倍以上3倍以下的罚款。	2011.7.1 2018.12.29修正

(续表)

文号	标题	内容摘要	执行时间
中华人民共和国主席令第35号	中华人民共和国社会保险法	◉ 以欺诈、伪造证明材料或者其他手段骗取社会保险待遇的,由社会保险行政部门责令退回骗取的社会保险金,处骗取金额2倍以上5倍以下的罚款。 ◉ 用人单位未按规定申报应当缴纳的社会保险费数额的,按照该单位上月缴费额的110%确定应当缴纳数额。	2011.7.1 2018.12.29修正
国务院令第375号	工伤保险条例	◉ 用人单位未在本条例规定的时限内提交工伤认定申请,在此期间发生符合本条例规定的工伤待遇等有关费用由该用人单位负担。 ◉ 职工或者其近亲属认为是工伤,用人单位不认为是工伤的,由用人单位承担举证责任。 ◉ 工伤职工有下列情形之一的,停止享受工伤保险待遇: 　1. 丧失享受待遇条件的; 　2. 拒不接受劳动能力鉴定的; 　3. 拒绝治疗的。 ◉ 用人单位依照本条例规定应当参加工伤保险而未参加的,由社会保险行政部门责令限期参加,补缴应当缴纳的工伤保险费,并自欠缴之日起,按日加收5‰的滞纳金;逾期仍不缴纳的,处欠缴数额1倍以上3倍以下的罚款。 ◉ 依照本条例规定应当参加工伤保险而未参加工伤保险的用人单位职工发生工伤的,由该用人单位按照本条例规定的工伤保险待遇项目和标准支付费用。 ◉ 用人单位违反本条例的相关规定,拒不协助社会保险行政部门对事故进行调查核实的,由社会保险行政部门责令改正,处2 000元以上2万元以下的罚款。	2004.1.1 2010.12.20修订

（续表）

文　号	标　题	内　容　摘　要	执行时间
上海市人民政府令第93号	上海市工伤保险实施办法（2012）	◎ 用人单位未依法缴纳工伤保险费的，按照《中华人民共和国社会保险法》和《社会保险费征缴暂行条例》的有关规定处理。 ◎ 应当参加工伤保险而未参加或者未按规定缴纳工伤保险费的用人单位，未参加工伤保险或者未按规定缴纳工伤保险费期间，从业人员发生工伤的，由用人单位按照本办法规定的工伤保险待遇项目和标准支付费用。用人单位不支付的，从工伤保险基金中先行支付。从工伤保险基金中先行支付的费用，应当由用人单位偿还。用人单位不偿还的，社保经办机构依法追偿。 ◎ 用人单位参加工伤保险并补缴应当缴纳的工伤保险费、滞纳金后，由工伤保险基金和用人单位依照本办法的规定支付新发生的费用。	2013.1.1

九、劳务派遣

文　号	标　题	内　容　摘　要	执行时间
中华人民共和国主席令第65号	中华人民共和国劳动合同法	◎ 违反本法规定，未经许可，擅自经营劳务派遣业务的，由劳动行政部门责令停止违法行为，没收违法所得，并处违法所得1倍以上5倍以下的罚款；没有违法所得的，可以处5万元以下的罚款。 ◎ 劳务派遣单位、用工单位违反本法有关劳务派遣规定的，由劳动行政部门责令限期改正；逾期不改正的，以每人5 000元以上1万元以下的标准处以罚款，对劳务派遣单位，吊销其劳务派遣业务经营许可证。用工单位给被派遣劳动者造成损害的，劳务派遣单位与用工单位承担连带赔偿责任。	2008.1.1 2013.7.1 修正实施
人力资源和社会保障部令第19号	劳务派遣行政许可实施办法	◎ 人力资源社会保障行政部门有下列情形之一的，由其上级行政机关或者监察机关责令改正，对直接负责的主管人员和其他直接责任人员依法给予处分；构成犯罪的，依法追究刑事责任： （一）向不符合法定条件的申请人发	2013.7.1

(续表)

文 号	标 题	内 容 摘 要	执行时间
人力资源和社会保障部令第19号	劳务派遣行政许可实施办法	放《劳务派遣经营许可证》，或者超越法定职权发放《劳务派遣经营许可证》的； （二）对符合法定条件的申请人不予行政许可或者不在法定期限内作出准予行政许可决定的； （三）在办理行政许可、实施监督检查工作中，玩忽职守、徇私舞弊，索取或者收受他人财物或者谋取其他利益的； （四）不依法履行监督职责或者监督不力，造成严重后果。 ◎ 许可机关违法实施行政许可，给当事人的合法权益造成损害的，应当依照国家赔偿法的规定给予赔偿。 ◎ 任何单位和个人违反《中华人民共和国劳动合同法》的规定，未经许可，擅自经营劳务派遣业务的，由人力资源社会保障行政部门责令停止违法行为，没收违法所得，并处违法所得1倍以上5倍以下的罚款；没有违法所得的，可以处5万元以下的罚款。 ◎ 劳务派遣单位违反《中华人民共和国劳动合同法》有关劳务派遣规定的，由人力资源社会保障行政部门责令限期改正；逾期不改正的，以每人5 000元以上1万元以下的标准处以罚款，并吊销其《劳务派遣经营许可证》。 ◎ 劳务派遣单位有下列情形之一的，由人力资源社会保障行政部门处1万元以下的罚款；情节严重的，处1万元以上3万元以下的罚款： （一）涂改、倒卖、出租、出借《劳务派遣经营许可证》，或者以其他形式非法转让《劳务派遣经营许可证》的； （二）隐瞒真实情况或者提交虚假材料取得劳务派遣行政许可的； （三）以欺骗、贿赂等不正当手段取得劳务派遣行政许可的。	2013.7.1

（续表）

文　号	标　题	内　容　摘　要	执行时间
人力资源和社会保障部令第22号	劳务派遣暂行规定	◎ 劳务派遣单位、用工单位违反劳动合同法和劳动合同法实施条例有关劳务派遣规定的,按照劳动合同法第九十二条规定执行。 ◎ 劳务派遣单位违反本规定解除或者终止被派遣劳动者劳动合同的,按照劳动合同法第四十八条、第八十七条规定执行。 ◎ 用工单位违反本规定第三条第三款规定的,由人力资源社会保障行政部门责令改正,给予警告;给被派遣劳动者造成损害的,依法承担赔偿责任。 ◎ 劳务派遣单位违反本规定第六条规定的,按照劳动合同法第八十三条规定执行。 ◎ 用工单位违反本规定退回被派遣劳动者的,按照劳动合同法第九十二条第二款规定执行。	2014.3.1

十、外国人在中国就业

文　号	标　题	内　容　摘　要	执行时间
中华人民共和国主席令第57号	中华人民共和国出境入境管理法	◎ 外国人非法就业的,处5 000元以上20 000元以下罚款;情节严重的,处5日以上15日以下拘留,并处5 000元以上20 000元以下罚款。 ◎ 介绍外国人非法就业的,对个人处以每非法介绍一人5 000元、总额不超过50 000元的罚款;对单位处每非法介绍一人5 000元,总额不超过100 000元的罚款;有违法所得的,没收违法所得。 ◎ 非法聘用外国人的,处每非法聘用一人1万元、总额不超过10万元的罚款;有违法所得的,没收违法所得。 ◎ 外国人拖欠劳动者的劳动报酬,经国务院有关部门或者省、自治区、直辖市人民政府决定不准出境。	2013.7.1

十一、劳动监察

文号	标题	内容摘要	执行时间
国务院令第423号	劳动保障监察条例	◎ 有下列行为之一的,由劳动保障行政部门责令改正;对有第1项、第2项或者第3项规定的行为的,处2 000元以上2万元以下的罚款: 1. 无理抗拒、阻挠劳动保障行政部门依照本条例的规定实施劳动保障监察的; 2. 不按照劳动保障行政部门的要求报送书面材料,隐瞒事实真相,出具伪证或者隐匿、毁灭证据的; 3. 经劳动保障行政部门责令改正,仍拒不改正,或者拒不履行劳动保障行政部门的行政处理决定的; 4. 打击报复举报人、投诉人的。 违反前款规定,构成违反治安管理行为的,由公安机关依法给予治安管理处罚;构成犯罪的,依法追究刑事责任。	2004.12.1

十二、失信惩戒

文号	标题	内容摘要	执行时间
上海市人力资源和社会保障局沪人社规〔2023〕26号	关于印发《上海市人力资源和社会保障局信用信息管理办法》的通知	◎ 本办法所称的人力资源和社会保障信用信息,是指上海市人力资源和社会保障局以及法律法规授权的具有管理公共事务职能组织,在依法履行职责过程中产生或者获取的,可用以识别、分析、判断单位和个人守法、履约状况的客观数据和资料。 ◎ 失信信息主要包括: (一) 列入拖欠农民工工资失信联合惩戒对象名单的信息; (二) 适用一般程序作出的人力资源社会保障领域行政处罚信息,但违法行为轻微或者主动消除、减轻违法行为危害后果的除外;	2023.9.1 ~ 2028.8.31

(续表)

文 号	标 题	内 容 摘 要	执行时间
上海市人力资源和社会保障局沪人社规〔2023〕26号	关于印发《上海市人力资源和社会保障局信用信息管理办法》的通知	（三）提供虚假材料、隐瞒真实情况，或者违反规定使用相关资金，侵害社会管理秩序和社会公共利益的信息； （四）选择告知承诺经办，在审查、后续监管中发现承诺不实或者违反承诺的信息； （五）法律、法规和国家规定的其他与人力资源和社会保障相关的失信信息。 情节轻微、社会危害性较小的，属于一般失信行为。情节严重，存在一定社会危害性等情况的，属于严重失信行为。严重失信行为的认定，应当以法律、法规或者党中央、国务院政策文件为依据。 ◎ 联合惩戒措施主要包括： （一）原行政行为作出单位通过信用信息共享平台推送拖欠农民工工资失信联合惩戒名单信息，对被列入拖欠农民工工资失信联合惩戒对象名单的当事人，相关部门在政府资金支持、政府采购、招投标、融资贷款、市场准入、税收优惠、评优评先、交通出行等方面依法依规予以限制。 （二）对被人民法院认定的失信被执行人，实施以下限制措施： 1.限制失信被执行人申请创业担保贷款及贴息、创业前担保贷款及贴息等融资扶持； 2.限制失信被执行人或者以失信被执行人作为法定代表人的单位申请成为青年（大学生）职业训练营、青年就业创业见习基地。限制失信被执行人申请上述社会保障资金支持中，就业帮扶、援助类的除外。 （三）国家和本市规定可以采取的其他联合惩戒措施。	2023.9.1～2028.8.31

第二十五章　劳动人事争议仲裁

一、劳动人事争议仲裁管辖

文　号	标　题	内　容　摘　要	执行时间
上海市人力资源和社会保障局沪人社规〔2018〕39号	关于印发《关于明确本市劳动人事争议仲裁管辖的若干规定》的通知	◎ 劳动争议由劳动合同履行地或者用人单位所在地的劳动人事争议仲裁委员会管辖。劳动合同履行地为劳动者实际工作场所地，用人单位所在地为用人单位注册、登记地或者主要办事机构所在地。当事人分别向劳动合同履行地和用人单位所在地的劳动人事争议仲裁委员会申请仲裁的，由劳动合同履行地的劳动人事争议仲裁委员会管辖。 ◎ 市劳动人事争议仲裁委员会管辖下列劳动人事争议： 1. 根据《中华人民共和国外资企业法》规定，在本市注册设立的注册资金在壹仟万美元以上或者相当于壹仟万美元以上的外资企业和劳动者发生的劳动争议； 2. 根据《中华人民共和国外资企业法实施细则》规定，参照执行的香港、澳门、台湾地区的公司、企业和其他经济组织或者个人或在国外居住的中国公民在大陆设立全部资本为其所有的，在本市注册设立的注册资金在壹仟万美元以上或者相当于壹仟万美元以上的企业和劳动者发生的劳动争议； 3. 经市人民政府及其有关主管部门批准成立的事业单位和中央、外省市在本市的事业单位发生的人事及劳动争议； 4. 驻沪军级以上军队聘用单位与文职人员发生的人事争议； 5. 取得合法就业资格的外籍人员与所在单位发生的劳动人事争议； 6. 台港澳人员与所在单位发生的劳动争议； 7. 本市范围内有重大影响的劳动争议案件。 ◎ 区劳动人事争议仲裁委员会管辖下列劳动人事争议：	2019.1.1 ～ 2028.12.31

(续表)

文　号	标　题	内　容　摘　要	执行时间
上海市人力资源和社会保障局沪人社规〔2018〕39号	关于印发《关于明确本市劳动人事争议仲裁管辖的若干规定》的通知	1. 市劳动人事争议仲裁委员会管辖范围以外的,用人单位所在地或者劳动合同履行地在本行政区域内的劳动争议； 2. 经区人民政府及其有关主管部门批准成立的事业单位发生的人事及劳动争议； 3. 驻沪师级以下军队聘用单位与文职人员发生的人事争议。	2019.1.1～2028.12.31
最高人民法院法释〔2020〕26号	关于审理劳动争议案件适用法律问题的解释（一）	◎劳动争议仲裁机构以无管辖权为由对劳动争议案件不予受理,当事人提起诉讼的,人民法院按照以下情形分别处理： （1）经审查认为该劳动争议仲裁机构对案件确无管辖权的,应当告知当事人向有管辖权的劳动争议仲裁机构申请仲裁。 （2）经审查认为该劳动争议仲裁机构有管辖权的,应当告知当事人申请仲裁,并将审查意见书面通知该劳动争议仲裁机构,劳动争议仲裁机构仍不受理,当事人就该劳动争议事项提起诉讼的,人民法院应予受理。	2021.1.1
上海市人力资源和社会保障局沪人社仲〔2014〕380号	关于本市各级仲裁机构不再受理社会保险缴费争议的通知	◎自2014年7月1日起,本市各级仲裁机构不再受理社会保险缴费争议案件。当事人应依据《社会保险法》《劳动保障监察条例》《社会保险费征缴暂行条例》等有关规定,通过向劳动保障监察机构投诉或请求社会保险经办机构依法处理的方式来解决社会保险缴费问题。	2014.7.1

二、劳动人事争议仲裁的申请和裁决

文　号	标　题	内　容　摘　要	执行时间
中华人民共和国主席令第80号	中华人民共和国劳动争议调解仲裁法	◎ 劳动争议申请仲裁的时效期间为1年。仲裁时效期间从当事人知道或者应当知道其权利被侵害之日起计算。 ◎ 劳动关系存续期间因拖欠劳动报酬发生争议的,劳动者申请仲裁不受前款规定的仲裁时效期间的限制;但是,劳动关系终止的,应当自劳动关系终止之日起1年内提出。 ◎ 下列劳动争议,除另有规定的外,仲裁裁决为终局裁决,裁决书自作出之日起发生法律效力: 　(1) 追索劳动报酬、工伤医疗费、经济补偿或者赔偿金,不超过当地月最低工资标准12个月金额的争议; 　(2) 因执行国家的劳动标准在工作时间、休息休假、社会保险等方面发生的争议; 　(3) 劳动者对上述(1)、(2)项规定的仲裁裁决不服的,可以自收到仲裁裁决书之日起15日内向人民法院提出诉讼。 ◎ 当事人对除上述(1)、(2)项规定以外的其他劳动争议案件的仲裁裁决不服的,可以自收到仲裁裁决书之日起15日内向人民法院提起诉讼;期满不起诉的,裁决书发生法律效力。	2008.5.1
最高人民法院法释[2020]26号	关于审理劳动争议案件适用法律问题的解释(一)	◎ 仲裁裁决的类型以仲裁裁决书确定为准。仲裁裁决书未载明该裁决为终局裁决或非终局裁决,用人单位不服该仲裁裁决向基层人民法院提起诉讼的,应当按照以下情形分别处理: 　(1) 经审查认为该仲裁裁决为非终局裁决的,基层人民法院应予受理;	2021.1.1

(续表)

文号	标题	内容摘要	执行时间
最高人民法院法释〔2020〕26号	关于审理劳动争议案件适用法律问题的解释（一）	（2）经审查认为该仲裁裁决为终局裁决的，基层人民法院不予受理，但应告知用人单位可以自收到不予受理裁定书之日起30日内向劳动争议仲裁机构所在地的中级人民法院申请撤销该仲裁裁决；已经受理的，裁定驳回起诉。 ◎ 仲裁裁决书未载明该裁决为终局裁决或者非终局裁决，劳动者依据调解仲裁法第四十七条第（一）项规定，追索劳动报酬、工伤医疗费、经济补偿或者赔偿金，如果仲裁裁决涉及数项，每项确定的数额均不超过当地月最低工资标准12个月金额的，应当按照终局裁决处理。 ◎ 劳动争议仲裁机构作出的同一仲裁裁决同时包含终局裁决事项和非终局裁决事项，当事人不服该仲裁裁决向人民法院提起诉讼的，应当按照非终局裁决处理。 ◎ 劳动者依据调解仲裁法第四十八条规定向基层人民法院提起诉讼，用人单位依据调解仲裁法第四十九条规定向劳动争议仲裁机构所在地的中级人民法院申请撤销仲裁裁决的，中级人民法院应不予受理；已经受理的，应当裁定驳回申请。 ◎ 中级人民法院审理用人单位申请撤销终局裁决的案件，应当组成合议庭开庭审理。经过阅卷、调查和询问当事人，对没有新的事实、证据或者理由，合议庭认为不需要开庭审理的，可以不开庭审理。 ◎ 中级人民法院可以组织双方当事人调解。达成调解协议的，可以制作调解书。一方当事人逾期不履行调解协议的，另一方可以申请人民法院强制执行。	2021.1.1

(续表)

文 号	标 题	内 容 摘 要	执行时间
最高人民法院法释〔2013〕23号	最高人民法院关于人事争议申请仲裁的时效期间如何计算的批复	◎ 依据《中华人民共和国劳动争议调解仲裁法》第二十七条第一款、第五十二条的规定,当事人自知道或者应当知道其权利被侵害之日起1年内申请仲裁,仲裁机构予以受理的,人民法院应予认可。	2013.9.22
人力资源社会保障部人社部发〔2022〕9号	关于劳动人事争议仲裁与诉讼衔接有关问题的意见(一)	◎ 申请人撤回仲裁申请后向人民法院起诉的,人民法院应当裁定不予受理;已经受理的,应当裁定驳回起诉。申请人再次申请仲裁的,劳动人事争议仲裁委员会应当受理。 ◎ 当事人就部分裁决事项向人民法院提起诉讼的,仲裁裁决不发生法律效力。当事人提起诉讼的裁决事项属于人民法院受理的案件范围的,人民法院应当进行审理。当事人未提起诉讼的裁决事项属于人民法院受理的案件范围的,人民法院应当在判决主文中予以确认。	2022.2.21

第七部分　居住证管理与户口申办

一、上海市居住证申办

文　号	标　题	内　容　摘　要	执行时间
上海市人民政府沪府规[2023]2号	关于印发修订后的《上海市居住证申办实施细则》的通知	◎ 离开常住户口所在地,在本市办理居住登记满半年,符合有合法稳定就业、合法稳定住所、连续就读条件之一的境内来沪人员,可以到社区事务受理服务中心或通过"一网通办"平台申领《居住证》。 ◎《居住证》每年签注一次。持证人应当在《居住证》签注期限届满之前的30日内,到社区事务受理服务中心办理签注手续。 持证人逾期未签注的,《居住证》使用功能中止,补办签注手续后《居住证》使用功能恢复。在逾期60日内补办签注手续的,居住证持有人在本市的居住年限自补办签注手续之日起连续计算。在逾期60日后补办签注手续的,居住证持有人在本市的居住年限自补办签注手续之日起重新计算。 ◎ 持证人有下列情形之一的,经有关部门认定后,由公安部门在信息系统中注销《居住证》,《居住证》功能失效: 　（一）持证人在申办时提供虚假材料取得《居住证》的; 　（二）持证人情况发生变更且不符合《居住证》办理要求的; 　（三）持证人已转办本市常住户口的; 　（四）其他应当注销的情形。	2023.1.1 ～ 2027.12.31

二、海外人才居住证管理

文 号	标 题	内 容 摘 要	执行时间
上海市人民政府沪府规[2020]14号	上海市人民政府关于印发修订后的《上海市海外人才居住证管理办法》的通知	◎（适用对象）本办法适用于具有本科（学士）及以上学历（学位）或者特殊才能，在上海合法工作或者创业的人员，包括：加入外国国籍的留学人员；外国高端人才及其他外国专业人才；持中国护照、拥有国外永久（长期）居留权且国内无户籍的留学人员和其他专业人才；香港、澳门特别行政区专业人才，台湾地区专业人才。 具有特殊才能的人才具体范围及条件等事项，由市人力资源社会保障局根据本市经济社会发展实际需要，会同有关部门确定。 ◎申请海外人才居住证，应当提供下列材料： （1）申请表； （2）有效的身份证件； （3）学历学位证书、专业技术证书等符合人才认定标准的材料； （4）在本市的住所凭证； （5）有效的健康状况凭证； （6）聘用（劳动）合同； （7）工作（就业）期间缴纳个人所得税完税凭证材料。	2020.7.1 ～ 2025.6.30
上海市人力资源和社会保障局沪人社规[2020]20号	关于印发《上海市海外人才居住证管理办法实施细则》的通知	◎首次申请海外人才居住证需提供以下材料： （一）申请表； （二）有效身份证件，包括：有效护照（含工作类居留许可、入境证明）；港澳居民来往内地通行证；台湾居民来往大陆通行证；国外永久（长期）居住证件（另需提供公安部门90日内出具的国内无户籍证明）； （三）最高学历（学位）证书（留学人员需同时提供国家教育部出具的《国（境）外学历学位认证书》或由中国驻外使领馆教育处（组）出具的相关留学人员证明）；	2020.7.1 ～ 2025.6.30

(续表)

文　号	标　题	内　容　摘　要	执行时间
上海市人力资源和社会保障局沪人社规〔2020〕20号	关于印发《上海市海外人才居住证管理办法实施细则》的通知	（四）本市住所凭证，包括：外籍人员提供居住所在地派出所出具的《境外人员临时住宿登记单》或主申请人为权利人的房产证；港澳台人员可提供居住所在地派出所出具的《境外人员临时住宿登记单》、港澳居民居住证、台湾居民居住证或主申请人为权利人的房产证； （五）有效健康状况凭证，包括：外籍人员提供有效的外国人居留许可；港澳台人员可以提供6个月内有效的本市二级（含）以上医院出具的健康凭证（70周岁以上人员免于提交）； （六）待履行期限在12个月以上的聘用（劳动）合同或境外跨国公司派遣函（如系投资人，需提供上一年度的审计报告），以及其他业绩体现材料。 配偶办理随员证的，另需提供配偶有效身份证件、结婚证和健康凭证。 子女办理随员证的，另需提供子女有效身份证件、子女出生证和健康凭证（18周岁以下人员免于提交）。 所有材料均需提供复印件，核验原件。能够通过电子证照库调取的证照，申请人不需重复提交。 ◎ 首次申请办理流程 用人单位通过"一网通办"平台提出申请，上传相关材料和照片，预审通过后，向受理窗口现场提交申请材料。 ◎ 申请人可通过"一网通办"平台在线打印《办理〈上海市居住证〉（B证）通知书》后至市公安局出入境管理局领取实体证件。	2020.7.1 ~ 2025.6.30

三、上海市居住证积分管理

文 号	标 题	内 容 摘 要	执行时间
上海市人民政府沪府规[2022]21号	上海市人民政府关于印发修订后的《上海市居住证积分管理办法》的通知	◎《居住证》积分指标体系由基础指标、加分指标、减分指标和一票否决指标组成。 ◎ 基础指标包含年龄、教育背景、专业技术职称和技能等级、在本市工作及缴纳职工社会保险年限等指标。 ◎ 加分指标包括创业人才、创新创业中介服务人才、紧缺急需专业、投资纳税或带动本地就业、缴纳职工社会保险费基数、特定的公共服务领域、远郊重点区域、全日制应届毕业生、表彰奖励、配偶为本市户籍人员等指标。 ◎ 减分指标包括提供虚假材料、行政拘留记录和一般刑事犯罪记录等指标。 ◎ 持证人有严重刑事犯罪记录的,取消申请积分资格。 ◎ 个人在申请积分过程中,伪造、变造或者使用伪造、变造申请材料的,由公安部门按照《中华人民共和国治安管理处罚法》的相关规定处罚,有关失信信息纳入本市公共信用信息服务平台;情节严重的,3年内不得申请积分;构成犯罪的,依法追究刑事责任。 　　单位在代办积分申请过程中伪造、变造或者使用伪造、变造申请材料的,由人力资源社会保障部门处3万元以上5万元以下罚款,有关失信信息纳入本市公共信用信息服务平台;情节严重的,3年内不得代办积分申请。对其直接负责的主管人员和其他直接责任人员,由公安部门按照《中华人民共和国治安管理处罚法》的相关规定处罚;构成犯罪的,依法追究刑事责任。	2023.1.1 ～ 2027.12.31

(续表)

文号	标题	内容摘要	执行时间
上海市人力资源社会保障局沪人社规〔2022〕41号	关于印发《上海市居住证积分管理办法实施细则》的通知	◎ 积分申请条件： 持有《上海市居住证》的人员（以下简称"持证人"），在本市合法稳定居住和合法稳定就业并参加本市职工社会保险满6个月的，可以申请积分。持证人在申办上海市居住证积分时，申请当月应处于就业及缴纳本市职工社会保险状态，且前12个月内累计缴纳本市职工社会保险费满6个月（不含补缴）。 本市单位在外省市设立的分支机构的工作人员，不属于申请积分对象。 ◎ 积分申请材料： （一）持证人和受委托的用人单位须提交的积分申请基本材料： 1. 持证人有效期内的《上海市居住证》； 2.《上海市居住证积分申请表》（网上打印件）； 3. 持证人身份证明及户籍证明； 4. 劳动（聘用）合同； 5. 单位营业执照（事业单位法人证书、社团法人或民办非企业法人证书等）。 （二）除上述积分申请基本材料外，持证人还应当提供与《上海市居住证》积分指标项目对应的材料： 1. 持证人按照国家教育行政主管部门规定取得的被国家认可的国内外学历学位证书。以高等教育自学考试、成人高等学历、网络高等学历教育毕业证书申请积分的，需提供毕业生登记表、成绩单等学籍材料，或其他可以证明其教育经历的相关材料。 2. 持证人按照国家有关规定取得的与所聘岗位相符的专业技术职称证书和专业技术人员职业资格证书（注册类的	2023.1.1 ～ 2027.12.31

(续表)

文号	标题	内　容　摘　要	执行时间
上海市人力资源社会保障局沪人社规〔2022〕41号	关于印发《上海市居住证积分管理办法实施细则》的通知	须在注册有效期内);或持证人在本市工作期间按照国家规定经评审取得的与所聘岗位相符的专业技术职称证书;或持证人在本市工作期间取得的与所聘岗位相符的技能人员职业资格证书或职业技能等级证书(以下简称"技能等级证书")。 　　在外省市工作期间获得的三级及以上技能等级证书,须通过技能人才评价证书全国联网查询系统或上海市人力资源和社会保障局网站查询核验。 　　3. 持证人在本市缴纳职工社会保险证明(缴费基数和年限由社保系统提供,个人免于提供)以及最近6个月个人所得税纳税证明。 　　4. 持证人在本市投资企业的验资报告、工商档案机读材料、最近连续3年在本市的纳税明细或最近连续3年聘用本市户籍人员数(须由所聘单位为其连续在本市缴纳职工社会保险6个月以上且申请当月仍在所聘单位)。 　　5. 持证人在本市工作期间获得的部、委、办、局等市级机关及以上表彰奖励证书。 　　持证人申请表彰奖励加分的,由表彰奖励主办单位向市评比达标表彰工作协调小组办公室备案后可获得加分。 　　6. 持证人配偶为本市户籍的,提供结婚证、配偶身份证、配偶户口簿。 　　7. 其他需要的相关材料。 　　(三) 持证人配偶和同住子女需要享受积分相关待遇的,应当提供以下材料: 　　1. 结婚证; 　　2. 配偶身份证; 　　3. 配偶和子女户籍证明; 　　4. 子女出生医学证明; 　　5. 满16周岁以上且在全日制普通高中就读的同住子女,应当提供就读证	2023.1.1 ～ 2027.12.31

(续表)

文　号	标　题	内　容　摘　要	执行时间
上海市人力资源社会保障局沪人社规[2022]41号	关于印发《上海市居住证积分管理办法实施细则》的通知	明和学籍证明。 除特殊说明外，所有积分申请材料均须核对原件，提交复印件。 对于能够通过调用电子证照、数据共享等方式核验相关申办材料信息的，可免于提交纸质申办材料。	2023.1.1 ～ 2027.12.31

四、持居住证人员申办上海市常住户口

文　号	标　题	内　容　摘　要	执行时间
上海市人民政府沪府规[2019]45号	上海市人民政府关于印发《持有〈上海市居住证〉人员申办本市常住户口办法》的通知	◎ 持居住证人员申办本市常住户口应当同时符合下列条件： 1. 持有《上海市居住证》满7年； 2. 持证期间按规定参加本市城镇社会保险满7年； 3. 持证期间依法在本市缴纳个人所得税； 4. 在本市被聘为中级及以上专业技术职务或者具有技师（国家二级职业资格证书）以上职业资格，且专业、工种与所聘岗位相对应； 5. 符合国家及本市现行计划生育政策，无刑事犯罪记录等其他不宜转办常住户口的情形。 ◎ 申办本市常住户口的申请材料具体包括： 1. 有效身份凭证和《居住证持有人办理本市户口申请表》； 2. 本市区以上税务机关出具的个人所得税或企业纳税完税凭证； 3. 专业技术职务、职业资格凭证及相关聘用（劳动）合同； 4. 符合国家和本市现行计划生育政策及无刑事犯罪记录等情况的个人承诺； 5. 本人或者同意接受落户的单位、亲属的房屋相关产权证书或者租用居住公房凭证； 6. 相关部门要求提供的其他必要材料。	2020.1.1 ～ 2024.12.31

五、留学人员申办上海常住户口

文　号	标　题	内　容　摘　要	执行时间
上海市人力资源和社会保障局沪人社规〔2020〕25号	关于印发《留学回国人员申办上海常住户口实施细则》的通知	◎（一）单位需提交的基本材料 1. 法人营业执照或法人登记证书。如申请单位为非法人分支机构的，提供分支机构的营业执照或登记证书及上级法人的授权书。 2. 单位经办人有效身份证件。 3.《留学回国人员申办上海常住户口申请表》。 4. 申请单位与留学回国人员签订的劳动或聘用合同。 5. 人事档案核实情况表及相关材料复印件。如档案为非本单位保管的，由在沪档案保管单位提供。 其中，第1项材料仅需单位首次申请（注册）时提供。 （二）单位有下列情形的，需补充提交以下材料 来本市创办留学人员企业的留学回国人员及团队核心成员，单位另需提交： 1. 企业验资报告。 2. 企业最近连续6个月缴纳增值税（营业税）或企业所得税税单。 3. 企业最近连续6个月为至少1名员工缴纳社会保险费凭证。 4. 企业章程及相关决议。 其中，第4项材料仅需团队核心成员申报时提供。 （三）个人需提交的基本材料 1. 教育部出具的国外学历学位认证书、国(境)外学位证书及成绩单。如为进修人员的，提供国(境)外进修材料和国内硕士	2020.12.1～2025.11.30

(续表)

文号	标题	内容摘要	执行时间
上海市人力资源和社会保障局沪人社规〔2020〕25号	关于印发《留学回国人员申办上海常住户口实施细则》的通知	研究生及以上学历学位证书或副高级及以上职称证书。 2. 出国留学前国内获得的相应的最高学历学位证书。如出国前系在职人员的，提供原工作单位同意调出或已离职材料。 3. 护照、签证及所有出入境记录。 4. 居民户口簿和身份证。如留学期间户籍已注销的，提供90天内有效的户籍注销材料。 5. 符合第四条激励条件的，需补充提交相应材料。 （四）个人有下列情形的，需补充提交以下材料 1. 落非社区公共户的，提供在沪落户地址材料。落户本人在沪房屋的，提供房屋有效权证；落户在沪直系亲属房屋的，提供入户地房屋有效权证和产权人共同签署的同意入户意见书；落户单位集体户的，提供集体户管理单位的集体户口簿地址页和同意入户意见书。 2. 已婚的，提供结婚证书；离异的，提供离婚证、离婚协议书或法院调解书、判决书等。 3. 有子女的，提供子女出生证及符合国家和本市现行计划生育政策的个人承诺。 本实施细则所需材料中，能够通过数据共享或网上核验的材料及能够通过电子证照库调取的证照，无需重复提交。 ◎ 申办流程 申请单位通过本市"一网通办"系统向本市人力资源社会保障部门提出申请，上传申请材料原件的扫描件等电子文档。 审核通过的人员按照公安部门的相关规定，办理户口迁移手续。	2020.12.1～2025.11.30

(续表)

文号	标题	内容摘要	执行时间
上海市人力资源和社会保障局沪人社力[2022]103号	关于助力复工复产实施人才特殊支持举措的通知	◎ 加大世界名校留学人员引进力度： 在符合留学人员落户基本条件的基础上,对于毕业于世界排名前50名院校的,取消社会保险费缴费基数和缴费时间要求,全职来本市工作后即可直接申办落户;对于毕业于世界排名51—100名的,全职来本市工作并缴纳社会保险费满6个月后可申办落户。	2021.8.15

六、上海市引进人才申办本市常住户口

文号	标题	内容摘要	执行时间
上海市人民政府沪府规[2020]25号	关于印发《上海市引进人才申办本市常住户口办法》的通知	◎ 申办条件 用人单位引进的人才在沪工作稳定且依法参加社会保险,符合下列条件之一的,可以申办本市常住户口: (一)高层次人才 1.具有博士研究生学历并取得相应学位或具有高级专业技术职务任职资格的专业技术人员和管理人员。 2.获得省部级及以上政府表彰的人员。 3.列入省部级及以上人才培养计划的人选。 4.国家重大科技专项项目、国家重点研发计划项目和本市重大科技项目负责人及其团队核心成员。 (二)重点机构紧缺急需人才 5.重点机构所需的具有硕士研究生学历并取得相应学位的人员。 6.重点机构紧缺急需的具有本科及以上学历并取得相应学位的专业技术人员、管理人员和创新团队核心成员等核心业务骨干。 7.重点机构紧缺急需的具有国家二级职业资格证书或技能等级认定证书(技师)的技能类高技能人才。	2020.12.1 ~ 2025.11.30

(续表)

文号	标题	内容摘要	执行时间
上海市人民政府沪府规[2020]25号	关于印发《上海市引进人才申办本市常住户口办法》的通知	重点机构是指本市重点产业、重点区域和基础研究领域经行业主管部门和重点区域推荐的用人单位，并实行名单管理和动态调整。 （三）高技能人才 8. 获得中华技能大奖、全国技术能手称号、国务院特殊津贴、世界技能大赛奖项等荣誉的高技能人才。 9. 取得国家一级职业资格证书或技能等级认定证书（高级技师）的技能类高技能人才。 10. 取得国家二级职业资格证书或技能等级认定证书（技师）且获得国家及省部级以上技能竞赛奖励的技能类高技能人才。 （四）市场化创新创业人才 11. 获得一定规模风险投资的创业人才及其团队核心成员。 12. 在本市取得经过市场检验的显著业绩的创新创业中介服务人才及其团队核心成员。 13. 在本市管理运营的风险投资资金达到一定规模且取得经过市场检验的显著业绩的创业投资管理运营人才及其团队核心成员。 14. 市场价值达到一定水平的企业科技和技能人才。 15. 取得显著经营业绩的企业家人才。 （五）专门人才和其他特殊人才 16. 本市航运、文化艺术、体育、传统医学、农业技术及其他特殊行业紧缺急需的专门人才。 17. 本市各区和重点区域自主审批的紧缺急需人才。	2020.12.1 ～ 2025.11.30

(续表)

文　号	标　题	内　容　摘　要	执行时间
上海市人民政府沪府规[2020]25号	关于印发《上海市引进人才申办本市常住户口办法》的通知	18. 其他紧缺急需、确有特殊才能的人才。 市政府有关部门根据本市经济社会发展，及时调整人才引进重点支持范围。 ◎ 申办材料 在本市"一网通办"系统中能够通过调用电子证照、数据共享等方式核验申办材料信息的，可免于提交纸质申办材料。 （一）《上海市引进人才申办本市常住户口申请表》； （二）个人有效身份证件、户籍凭证、学历学位凭证、专业技术职务任职资格凭证或职业资格凭证； （三）就业期间依法缴纳社会保险费和个人所得税凭证； （四）符合国家和本市现行计划生育政策及无刑事犯罪记录等其他不宜引进落户情形的个人承诺； （五）本人或者同意接受落户的单位、亲属的房屋相关产权证书或者租用居住公房凭证； （六）与申请条件相应的材料。	2020.12.1～2025.11.30
上海市人力资源和社会保障局沪人社力[2022]103号	关于助力复工复产实施人才特殊支持举措的通知	◎ 拓宽紧缺急需高技能人才职业目录。 将在本市已备案可实施技能评价的疫苗制品工等职业，纳入紧缺急需高技能人才职业目录并按规定落实人才引进政策。聚焦集成电路、人工智能、生物医药先导产业，以及先进制造业等重点行业领域，支持行业主管部门推进行业企业开发紧缺急需职业技能等级认定项目，持续拓宽紧缺急需高技能人才职业目录，助力化解复工复产行业企业关键岗位高技能人才供需矛盾。	2021.8.15

第八部分 相关税收政策

一、个人所得税
(一) 个人所得税税率表(综合所得适用)

文号	标题	内容摘要				执行时间
		级数	全年应纳税所得额	税率(%)	速算扣除数	
中华人民共和国主席令第9号	中华人民共和国个人所得税法（2018修正）	1	不超过 36 000 元的	3	0	2019.1.1
		2	超过 36 000 元至 144 000 元的部分	10	2 520	
		3	超过 144 000 元至 300 000 元的部分	20	16 920	
		4	超过 300 000 元至 420 000 元的部分	25	31 920	
		5	超过 420 000 元至 660 000 元的部分	30	52 920	
		6	超过 660 000 元至 960 000 元的部分	35	85 920	
		7	超过 960 000 元的部分	45	181 920	

注：(1) 本表所称全年应纳税所得额是指居民个人取得综合所得以每一纳税年度收入额减除费用六万元以及专项扣除、专项附加扣除和依法确定的其他扣除后的余额。
(2) 非居民个人取得工资、薪金所得，劳务报酬所得，稿酬所得和特许权使用费所得，依照本表按月换算后计算应纳税额。

(二) 纳税申报

文号	标题	内容摘要	执行时间
中华人民共和国主席令第9号	中华人民共和国个人所得税法（2018修正）	◎ 有下列情形之一的,纳税人应当依法办理纳税申报： (一) 取得综合所得需要办理汇算清缴； (二) 取得应税所得没有扣缴义务人； (三) 取得应税所得,扣缴义务人未扣缴税款； (四) 取得境外所得；	2019.1.1

(续表)

文 号	标 题	内 容 摘 要	执行时间
中华人民共和国主席令第9号	中华人民共和国个人所得税法（2018修正）	（五）因移居境外注销中国户籍； （六）非居民个人在中国境内从两处以上取得工资、薪金所得； （七）国务院规定的其他情形。 扣缴义务人应当按照国家规定办理全员全额扣缴申报，并向纳税人提供其个人所得和已扣缴税款等信息。	2019.1.1
财政部税务总局公告2023年第32号	关于延续实施个人所得税综合所得汇算清缴有关政策的公告	◎ 居民个人取得的综合所得，年度综合所得收入不超过12万元且需要汇算清缴补税的，或者年度汇算清缴补税金额不超过400元的，居民个人可免于办理个人所得税综合所得汇算清缴。 居民个人取得综合所得时存在扣缴义务人未依法预扣预缴税款的情形除外。	2024.1.1 ～ 2027.12.31

（三）专项附加扣除

文 号	标 题	内 容 摘 要	执行时间
国务院国发[2018]41号	关于印发个人所得税专项附加扣除暂行办法的通知	◎ 子女教育 　　纳税人的子女接受全日制学历教育的相关支出。 　　学历教育包括义务教育（小学、初中教育）、高中阶段教育（普通高中、中等职业、技工教育）、高等教育（大学专科、大学本科、硕士研究生、博士研究生教育）。 　　年满3岁至小学入学前处于学前教育阶段的子女，按本条第一款规定执行。 　　具体扣除方式在一个纳税年度内不能变更。 　　纳税人子女在中国境外接受教育的，纳税人应当留存境外学校录取通知书、留学签证等相关教育的证明资料备查。 ◎ 继续教育 　　纳税人在中国境内接受学历（学位）继续教育的支出，在学历（学位）教育期间按照每月400元定额扣除。同一学历（学位）继续教育的扣除期限不能超过48个月。纳税人接受技能人员	2019.1.1

(续表)

文 号	标 题	内 容 摘 要	执行时间
国务院国发〔2018〕41号	关于印发个人所得税专项附加扣除暂行办法的通知	职业资格继续教育、专业技术人员职业资格继续教育的支出,在取得相关证书的当年,按照3 600元定额扣除。 　　个人接受本科及以下学历(学位)继续教育,符合本办法规定扣除条件的,可以选择由其父母扣除,也可以选择由本人扣除。 　　纳税人接受技能人员职业资格继续教育、专业技术人员职业资格继续教育的,应当留存相关证书等资料备查。 ◎ 大病医疗 　　在一个纳税年度内,纳税人发生的与基本医保相关的医药费用支出,扣除医保报销后个人负担(指医保目录范围内的自付部分)累计超过15 000元的部分,由纳税人在办理年度汇算清缴时,在80 000元限额内据实扣除。 　　纳税人发生的医药费用支出可以选择由本人或者其配偶扣除;未成年子女发生的医药费用支出可以选择由其父母一方扣除。 　　纳税人及其配偶、未成年子女发生的医药费用支出,按本办法第十一条规定分别计算扣除额。 　　纳税人应当留存医药服务收费及医保报销相关票据原件(或者复印件)等资料备查。医疗保障部门应当向患者提供在医疗保障信息系统记录的本人年度医药费用信息查询服务。 ◎ 住房贷款利息 　　纳税人本人或者配偶单独或者共同使用商业银行或者住房公积金个人住房贷款为本人或者其配偶购买中国境内住房,发生的首套住房贷款利息支出,在实际发生贷款利息的年度,按照每月1 000元的标准定额扣除,扣除期限最长不超过240个月。纳税人只能享受一次首套住房贷款的利息扣除。 　　本办法所称首套住房贷款是指购买住房享受首套住房贷款利率的住房贷款。	2019.1.1

(续表)

文 号	标 题	内 容 摘 要	执行时间
国务院国发〔2018〕41号	关于印发个人所得税专项附加扣除暂行办法的通知	经夫妻双方约定，可以选择由其中一方扣除，具体扣除方式在一个纳税年度内不能变更。 夫妻双方婚前分别购买住房发生的首套住房贷款，其贷款利息支出，婚后可以选择其中一套购买的住房，由购买方按扣除标准的100%扣除，也可以由夫妻双方对各自购买的住房分别按扣除标准的50%扣除，具体扣除方式在一个纳税年度内不能变更。 纳税人应当留存住房贷款合同、贷款还款支出凭证备查。 ◎ 住房租金 纳税人在主要工作城市没有自有住房而发生的住房租金支出，可以按照以下标准定额扣除： （一）直辖市、省会（首府）城市、计划单列市以及国务院确定的其他城市，扣除标准为每月1 500元； （二）除第一项所列城市以外，市辖区户籍人口超过100万的城市，扣除标准为每月1 100元；市辖区户籍人口不超过100万的城市，扣除标准为每月800元。 纳税人的配偶在纳税人的主要工作城市有自有住房的，视同纳税人在主要工作城市有自有住房。 市辖区户籍人口，以国家统计局公布的数据为准。 本办法所称主要工作城市是指纳税人任职受雇的直辖市、计划单列市、副省级城市、地级市（地区、州、盟）全部行政区域范围；纳税人无任职受雇单位的，为受理其综合所得汇算清缴的税务机关所在城市。 夫妻双方主要工作城市相同的，只能由一方扣除住房租金支出。	2019.1.1

(续表)

文号	标题	内容摘要	执行时间
国务院国发〔2018〕41号	关于印发个人所得税专项附加扣除暂行办法的通知	住房租金支出由签订租赁住房合同的承租人扣除。 纳税人及其配偶在一个纳税年度内不能同时分别享受住房贷款利息和住房租金专项附加扣除。 纳税人应当留存住房租赁合同、协议等有关资料备查。 ◎赡养老人 纳税人赡养一位及以上被赡养人的赡养支出,可以由赡养人均摊或者约定分摊,也可以由被赡养人指定分摊。约定或者指定分摊的须签订书面分摊协议,指定分摊优先于约定分摊。具体分摊方式和额度在一个纳税年度内不能变更。 本办法所称被赡养人是指年满60岁的父母,以及子女均已去世的年满60岁的祖父母、外祖父母。 本办法所称父母,是指生父母、继父母、养父母。本办法所称子女,是指婚生子女、非婚生子女、继子女、养子女。父母之外的其他人担任未成年人的监护人的,比照本办法规定执行。 个人所得税专项附加扣除额一个纳税年度扣除不完的,不能结转以后年度扣除。	2019.1.1
国家税务总局公告2023年第14号	关于贯彻执行提高个人所得税有关专项附加扣除标准政策的公告	◎3岁以下婴幼儿照护、子女教育专项附加扣除标准 每个婴幼儿(子女)每月2 000元。父母可以选择由其中一方按扣除标准的100%扣除,也可以选择由双方分别按50%扣除。 ◎赡养老人专项附加扣除标准 独生子女按照每月3 000元的标准定额扣除;非独生子女与兄弟姐妹分摊每月3 000元的扣除额度,每人分摊的额度不能超过每月1 500元。	2023.1.1

（四）社会保险费、住房公积金、工伤待遇

文号	标题	内容摘要	执行时间
财政部、国家税务总局财税〔2006〕10号	关于基本养老保险费、基本医疗保险费、失业保险费、住房公积金有关个人所得税政策的通知	◎ 企事业单位按照国家或省（自治区、直辖市）人民政府规定的缴费比例或办法实际缴付的基本养老保险费、基本医疗保险费和失业保险费，免征个人所得税；个人按照国家或省（自治区、直辖市）人民政府规定的缴费比例或办法实际缴付的，允许在个人应纳税所得额中扣除。企事业单位和个人超过规定的比例和标准缴付的，应将超过部分并入个人当期的工资、薪金收入，计征个人所得税。 ◎ 根据《住房公积金管理条例》等规定，单位和个人分别在不超过职工本人上一年度平均工资12%的幅度内，其实际缴存的住房公积金，允许在个人应纳税所得额中扣除。单位和职工个人缴存住房公积金的月平均工资不得超过职工工作地所在地区城市上一年度职工月平均工资的3倍，具体标准按照各地有关规定执行。 单位和个人超过上述规定比例和标准缴付的住房公积金，应将超过部分并入个人当期的工资、薪金收入，计征个人所得税。 ◎ 个人实际领（支）取原提存的基本养老保险金、基本医疗保险金、失业保险金和住房公积金时，免征个人所得税。	2006.6.27
财政部、国家税务总局财税〔2012〕40号	关于工伤职工取得的工伤保险待遇有关个人所得税政策的通知	◎ 对工伤职工及其近亲属按照《工伤保险条例》（国务院令第586号）规定取得的工伤保险待遇，免征个人所得税。	2011.1.1

(五)一次性补偿收入

文 号	标 题	内 容 摘 要	执行时间
财政部、国家税务总局财税〔2018〕164号	关于个人所得税法修改后有关优惠政策衔接问题的通知	◎ 个人与用人单位解除劳动关系取得一次性补偿收入(包括用人单位发放的经济补偿金、生活补助费和其他补助费),在当地上年职工平均工资3倍数额以内的部分,免征个人所得税;超过3倍数额的部分,不并入当年综合所得,单独适用综合所得税率表,计算纳税。 ◎ 个人办理提前退休手续而取得的一次性补贴收入,应按照办理提前退休手续至法定离退休年龄之间实际年度数平均分摊,确定适用税率和速算扣除数,单独适用综合所得税率表,计算纳税。计算公式: 　　应纳税额=｛〔(一次性补贴收入÷办理提前退休手续至法定退休年龄的实际年度数)－费用扣除标准〕×适用税率－速算扣除数｝×办理提前退休手续至法定退休年龄的实际年度数 ◎ 个人办理内部退养手续而取得的一次性补贴收入,按照《国家税务总局关于个人所得税有关政策问题的通知》(国税发〔1999〕58号)规定计算纳税。	2019.1.1

(六)全年一次性奖金收入

文 号	标 题	内 容 摘 要	执行时间
国家税务总局国税发〔2005〕9号	关于调整个人取得全年一次性奖金等计算征收个人所得税方法问题的通知	◎ 全年一次性奖金是指行政机关、企事业单位等扣缴义务人根据其全年经济效益和对雇员全年工作业绩的综合考核情况,向雇员发放的一次性奖金。 　　上述一次性奖金也包括年终加薪、实行年薪制和绩效工资办法的单位根据考核情况兑现的年薪和绩效工资。	2005.1.1

(续表)

文号	标题	内容摘要	执行时间
国家税务总局国税发[2005]9号	关于调整个人取得全年一次性奖金等计算征收个人所得税方法问题的通知	◎ 在一个纳税年度内,对每一个纳税人,该计税办法只允许采用一次。 ◎ 雇员取得除全年一次性奖金以外的其他各种名目奖金,如半年奖、季度奖、加班奖、先进奖、考勤奖等,一律与当月工资、薪金收入合并,按税法规定缴纳个人所得税。	2005.1.1
财政部税务总局公告2023年第30号	关于延续实施全年一次性奖金个人所得税政策的公告	◎ 居民个人取得全年一次性奖金,符合《国家税务总局关于调整个人取得全年一次性奖金等计算征收个人所得税方法问题的通知》(国税发[2005]9号)规定的,不并入当年综合所得,以全年一次性奖金收入除以12个月得到的数额,按照本公告所附按月换算后的综合所得税率表,确定适用税率和速算扣除数,单独计算纳税。计算公式为: 应纳税额＝全年一次性奖金收入×适用税率－速算扣除数 ◎ 居民个人取得全年一次性奖金,也可以选择并入当年综合所得计算纳税。	2023.8.18～2027.12.31
国家税务总局国税函[2005]715号	国家税务总局关于纳税人取得不含税全年一次性奖金收入计征个人所得税问题的批复	◎ 如果纳税人取得不含税全年一次性奖金收入的当月工资薪金所得,低于税法规定的费用扣除额,应先将不含税全年一次性奖金减去当月工资薪金所得低于税法规定费用扣除额的差额部分后,再按照上述第一条规定处理。 ◎ 根据企业所得税和个人所得税的现行规定,企业所得税的纳税人、个人独资和合伙企业、个体工商户为个人支付的个人所得税款,不得在所得税前扣除。	2005.7.7

(七) 企业年金和职业年金缴费

文 号	标 题	内 容 摘 要	执行时间
财政部、人力资源社会保障部、国家税务总局财税〔2013〕103号	财政部、人力资源社会保障部、国家税务总局关于企业年金、职业年金个人所得税有关问题的通知	◎ 企业和事业单位（以下统称单位）根据国家有关政策规定的办法和标准，为在本单位任职或者受雇的全体职工缴付的企业年金或职业年金（以下统称年金）单位缴费部分，在计入个人账户时，个人暂不缴纳个人所得税。 ◎ 个人根据国家有关政策规定缴付的年金个人缴费部分，在不超过本人缴费工资计税基数的4%标准内的部分，暂从个人当期的应纳税所得额中扣除。 ◎ 超过本通知第一条第1项和第2项规定的标准缴付的年金单位缴费和个人缴费部分，应并入个人当期的工资、薪金所得，依法计征个人所得税。税款由建立年金的单位代扣代缴，并向主管税务机关申报解缴。 ◎ 企业年金个人缴费工资计税基数为本人上一年度月平均工资。月平均工资按国家统计局规定列入工资总额统计的项目计算。月平均工资超过职工工作地所在设区城市上一年度职工月平均工资300%以上的部分，不计入个人缴费工资计税基数。 ◎ 职业年金个人缴费工资计税基数为职工岗位工资和薪级工资之和。职工岗位工资和薪级工资之和超过职工工作地所在设区城市上一年度职工月平均工资300%以上的部分，不计入个人缴费工资计税基数。	2014.1.1

(续表)

文号	标题	内容摘要	执行时间
财政部、国家税务总局财税[2018]164号	关于个人所得税法修改后有关优惠政策衔接问题的通知	◎ 个人达到国家规定的退休年龄,领取的企业年金、职业年金,符合《财政部、人力资源社会保障部、国家税务总局关于企业年金、职业年金个人所得税有关问题的通知》(财税[2013]103号)规定的,不并入综合所得,全额单独计算应纳税款。其中按月领取的,适用月度税率表计算纳税;按季领取的,平均分摊计入各月,按每月领取额适用月度税率表计算纳税;按年领取的,适用综合所得税率表计算纳税。 ◎ 个人因出境定居而一次性领取的年金个人账户资金,或个人死亡后,其指定的受益人或法定继承人一次性领取的年金个人账户余额,适用综合所得税率表计算纳税。对个人除上述特殊原因外一次性领取年金个人账户资金或余额的,适用月度税率表计算纳税。	2019.1.1

(八) 个人养老金

文号	标题	内容摘要	执行时间
税务总局公告2022年第34号	关于个人养老金有关个人所得税政策的公告	◎ 对个人养老金实施递延纳税优惠政策。 在缴费环节,个人向个人养老金资金账户的缴费,按照12 000元/年的限额标准,在综合所得或经营所得中据实扣除; 在投资环节,计入个人养老金资金账户的投资收益暂不征收个人所得税; 在领取环节,个人领取的个人养老金,不并入综合所得,单独按照3%的税率计算缴纳个人所得税,其缴纳的税款计入"工资、薪金所得"项目。	2022.1.1

(续表)

文号	标题	内容摘要	执行时间
税务总局公告2022年第34号	关于个人养老金有关个人所得税政策的公告	◎个人缴费享受税前扣除优惠时，以个人养老金信息管理服务平台出具的扣除凭证为扣税凭据。 ◎取得工资薪金所得、按累计预扣法预扣预缴个人所得税劳务报酬所得的，其缴费可以选择在当年预扣预缴或次年汇算清缴时在限额标准内据实扣除。 　选择在当年预扣预缴的，应及时将相关凭证提供给扣缴单位。扣缴单位应按照本公告有关要求，为纳税人办理税前扣除有关事项。 　取得其他劳务报酬、稿酬、特许权使用费等所得或经营所得的，其缴费在次年汇算清缴时在限额标准内据实扣除。 ◎个人按规定领取个人养老金时，由开立个人养老金资金账户所在市的商业银行机构代扣代缴其应缴的个人所得税。	2022.1.1

二、企业所得税相关费用扣除标准

文号	标题	内容摘要	执行时间
国务院令第512号	中华人民共和国企业所得税法实施条例	◎企业发生的职工福利费支出，不超过工资薪金总额14%的部分，准予扣除。 ◎企业拨缴的工会经费，不超过工资薪金总额2%的部分，准予扣除。 ◎除国务院财政、税务主管部门另有规定外，企业发生的职工教育经费支出，不超过工资薪金总额2.5%的部分，准予扣除；超过部分，准予在以后纳税年度结转扣除。	2008.1.1 2019.4.23修订

(续表)

文　号	标　题	内　容　摘　要	执行时间
国家税务总局公告2012年第15号	关于企业所得税应纳税所得额若干税务处理问题的公告	◎ 企业因雇用季节工、临时工、实习生、返聘离退休人员所实际发生的费用，应区分为工资薪金支出和职工福利费支出，并按《企业所得税法》规定在企业所得税前扣除。其中属于工资薪金支出的，准予计入企业工资薪金总额的基数，作为计算其他各项相关费用扣除的依据。	2012.4.24
国家税务总局公告2015年第34号	关于企业工资薪金和职工福利费等支出税前扣除问题的公告	◎ 企业接受外部劳务派遣用工所实际发生的费用，应分两种情况按规定在税前扣除：按照协议（合同）约定直接支付给劳务派遣公司的费用，应作为劳务费支出；直接支付给员工个人的费用，应作为工资薪金支出和职工福利费支出。其中属于工资薪金支出的费用，准予计入企业工资薪金总额的基数，作为计算其他各项相关费用扣除的依据。	2015.5.8

第九部分　其　　他

一、企业欠薪保障金

文　号	标　题	内　容　摘　要	执行时间
上海市人民政府令第72号	上海市企业欠薪保障金筹集和垫付的若干规定	◎ 本市范围内的企业应当依照本规定,在市人力资源和社会保障局规定的缴费期限内缴纳欠薪保障费。领取营业执照的企业分支机构,应当单独缴纳欠薪保障费。 ◎ 企业、企业分支机构每年缴纳一次欠薪保障费。缴费额具体数额为本市公布的月最低工资标准的数额。 ◎ 属于下列人员的,不予垫付欠薪: 　（1）欠薪企业的法定代表人或者经营者; 　（2）欠薪企业中与前项人员共同生活的近亲属; 　（3）拥有欠薪企业10%以上股份的人员; 　（4）月工资超过本市职工月平均工资水平3倍的人员; 　（5）累计欠薪数额不到200元的人员。 ◎ 拖欠的月工资或者月经济补偿金高于本市当年职工月最低工资标准的,垫付欠薪的款项按照月最低工资标准计算;低于月最低工资标准的,按照实际欠薪数额计算。 ◎ 企业未按规定缴纳欠薪保障费的,由市人力资源和社会保障局责令限期缴纳;逾期仍不缴纳的,从欠缴之日起,按日加收2‰滞纳金,并处以1 000元以上3 000元以下的罚款。	2007.10.1 2009.9.21修订

(续表)

文　号	标　题	内　容　摘　要	执行时间
上海市人力资源和社会保障局沪人社规［2017］29号	关于贯彻执行《上海市企业欠薪保障金筹集和垫付的若干规定》的实施意见	◎ 区人力资源和社会保障局负责受理欠薪垫付申请。 ◎ 劳动者被欠薪月数超过6个月的，按被欠薪最后6个月确定垫付月份。劳动者欠薪月数低于6个月的，按实际欠薪月数确定。劳动者被欠薪时间不满1个月的，按1个月确定。 ◎ 人力资源和社会保障行政部门根据实际情况，可以将工资和经济补偿金两个垫付项目合并使用，最高可在12个月本市最低工资总额内对劳动者进行一次性欠薪垫付。 　　上述本市最低工资按劳动者最后一个欠薪月时本市执行的标准确定。	2017.8.16 ～ 2027.8.15

注：(1) 欠薪保障费征收时间为每年的第四季度。上海市社会保险事业管理中心每年10月份向各缴费企业发出缴纳欠薪保障费通知书，企业按通知书规定的日期缴费。自2018年度起，本市暂停征收企业欠薪保障费。
　　(2) 实行工资保证金制度的建筑施工企业不适用《上海市企业欠薪保障金筹集和垫付的若干规定》。

二、农民工欠薪保障

文　号	标　题	内　容　摘　要	执行时间
人力资源和社会保障部人社部发［2021］53号	关于印发《工程建设领域农民工工资专用账户管理暂行办法》的通知	◎ 专用账户的开立 　　总包单位应当在工程施工合同签订之日起30日内按工程建设项目开立农民工工资专用账户，并与建设单位、开户银行签订资金管理三方协议。总包单位应当在专用账户开立后的30日内报项目所在地专用账户监管部门备案。 ◎ 专用账户的撤销 　　工程建设项目存在以下情况，总包单位不得向开户银行申请撤销专用账户：	2021.7.7

(续表)

文号	标题	内容摘要	执行时间
人力资源和社会保障部人社部发[2021]53号	关于印发《工程建设领域农民工工资专用账户管理暂行办法》的通知	（一）尚有拖欠农民工工资案件正在处理的； （二）农民工因工资支付问题正在申请劳动争议仲裁或者向人民法院提起诉讼的； （三）其他拖欠农民工工资的情形。 ◎ 专款专用 　　开户银行不得将专用账户资金转入除本项目农民工本人银行账户以外的账户，不得为专用账户提供现金支取和其他转账结算服务。 　　除法律另有规定外，专用账户资金不得因支付为本项目提供劳动的农民工工资之外的原因被查封、冻结或者划拨。 ◎ 农民工工资的拨付 　　建设单位应当按工程施工合同约定的数额或者比例等，按时将人工费用拨付到总包单位专用账户。拨付周期不得超过1个月。 ◎ 农民工工资的支付 　　农民工工资卡实行一人一卡、本人持卡，用人单位或者其他人员不得以任何理由扣押或者变相扣押。 　　任何单位和个人不得强制要求农民工重新办理工资卡。 ◎ 总包单位应当将专用账户有关资料、用工管理台账等妥善保存，至少保存至工程完工且工资全部结清后3年。	2021.7.7
人力资源社会保障部人社部发[2021]65号	工程建设领域农民工工资保证金规定	◎ 施工总承包单位应当在工程所在地的银行存储工资保证金或申请开立银行保函。 ◎ 工资保证金金额 　　按工程施工合同额（或年度合同额）的一定比例存储，原则上不低于1%，不超过3%，单个工程合同额较高的，可设定存储上限。	2021.11.1

(续表)

文号	标题	内容摘要	执行时间
人力资源社会保障部人社部发〔2021〕65号	工程建设领域农民工工资保证金规定	施工总承包单位在同一工资保证金管理地区有多个在建工程,存储比例可适当下浮但不得低于施工合同额(或年度合同额)的0.5%。 施工合同额低于300万元的工程,且该工程的施工总承包单位在签订施工合同前一年内承建的工程未发生工资拖欠的,各地区可结合行业保障农民工工资支付实际,免除该工程存储工资保证金。 前款规定的施工合同额可由相关部门适当调整。 ◎ 银行保函应以属地人力资源社会保障行政部门为受益人,保函性质为不可撤销见索即付保函。有效期至少为1年并不得短于合同期,工程未完工保函到期的,施工总承包单位应当及时更换新的保函或延长保函有效期。 ◎ 专款专用 工资保证金账户内本金和利息归开立账户的施工总承包单位所有。在工资保证金账户被监管期间,企业可自由提取和使用工资保证金的利息及其他合法收益。 除被人力资源社会保障行政部门依法作出责令限期清偿或先行清偿的行政处理决定的情形,其他任何单位和个人不得动用工资保证金账户内本金。 ◎ 工资保证金的使用 施工总承包单位所承包工程发生拖欠农民工工资的,经人力资源社会保障行政部门依法作出责令限期清偿或先行清偿的行政处理决定,施工总承包单位到期拒不履行的,属地人力资源社会保障行政部门可以要求经办银行将相应数额的款项以银行转账方式或依照银行保函约定的方式支付给属地人力资源社会	2021.11.1

(续表)

文号	标题	内容摘要	执行时间
人力资源社会保障部人社部发[2021]65号	工程建设领域农民工工资保证金规定	保障行政部门指定的被拖欠工资农民工本人。 ◎ 工资保证金使用后应当及时补足 　　工资保证金使用后,施工总承包单位应当自使用之日起10个工作日内将工资保证金补足。 　　采用银行保函替代工资保证金发生前款情形的,施工总承包单位应在10个工作日内提供与原保函相同担保范围和担保金额的新保函。施工总承包单位开立新保函后,原保函即行失效。	2021.11.1
人力资源和社会保障部人社部令第45号	拖欠农民工工资失信联合惩戒对象名单管理暂行办法	◎ 用人单位拖欠农民工工资,具有下列情形之一,经人力资源社会保障行政部门依法责令限期支付工资,逾期未支付的,人力资源社会保障行政部门应当作出列入决定,将该用人单位及其法定代表人或者主要负责人、直接负责的主管人员和其他直接责任人员(以下简称当事人)列入失信联合惩戒名单: 　　(一)克扣、无故拖欠农民工工资达到认定拒不支付劳动报酬罪数额标准的; 　　(二)因拖欠农民工工资违法行为引发群体性事件、极端事件造成严重不良社会影响的。	2022.1.1

三、残疾人就业保障金

文号	标题	内容摘要	执行时间
财政部公告2019年第98号	关于调整残疾人就业保障金征收政策的公告	◎ 残疾人就业保障金征收标准上限,按照当地社会平均工资2倍执行。当地社会平均工资按照所在地城镇非私营单位就业人员平均工资和城镇私营单位就业人员平均工资加权计算。	2020.1.1 ～ 2027.12.31

第九部分 其他

(续表)

文号	标题	内容摘要	执行时间
财政部公告2019年第98号	关于调整残疾人就业保障金征收政策的公告	◎ 用人单位依法以劳务派遣方式接受残疾人在本单位就业的,由派遣单位和接受单位通过签订协议的方式协商一致后,将残疾人数计入其中一方的实际安排残疾人就业人数和在职职工人数,不得重复计算。	2020.1.1～2027.12.31
财政部公告2023年第8号	关于延续实施残疾人就业保障金优惠政策的公告	◎ 延续实施残疾人就业保障金分档减缴政策。其中:用人单位安排残疾人就业比例达到1%(含)以上,但未达到所在地省、自治区、直辖市人民政府规定比例的,按规定应缴费额的50%缴纳残疾人就业保障金;用人单位安排残疾人就业比例在1%以下的,按规定应缴费额的90%缴纳残疾人就业保障金。 ◎ 在职职工人数在30人(含)以下的企业,继续免征残疾人就业保障金。	2023.1.1～2027.12.31
上海市财政局、国家税务总局上海市税务局、上海市人力资源和社会保障局、上海市残疾人联合会沪财发〔2020〕9号	关于印发《上海市残疾人就业保障金征收使用管理实施办法》的通知	◎ 用人单位应当按照国家和本市规定的比例安排残疾人就业。 ◎ 用人单位将残疾人录用为在编人员或依法与就业年龄段内的残疾人签订劳动合同,并足额缴纳城镇职工社会保险的,方可计入用人单位所安排的残疾人就业人数。 用人单位安排1名持有《中华人民共和国残疾人证》(1至2级)或《中华人民共和国残疾军人证》(1至3级)的人员就业的,按照安排2名残疾人就业计算。安排1名在法定就业年龄内,毕业未满5年的全日制普通中高等院校盲人(视力残疾1至2级)毕业生就业的,按照安排3名残疾人就业计算。安排1名在法定就业年龄内,毕业未满5年的其他残疾等级、类别的全日制普通中高等院校毕业生就业的,按2名残疾人就业计算。	2020.9.1～2025.12.31

(续表)

文　号	标　题	内　容　摘　要	执行时间
上海市财政局、国家税务总局上海市税务局、上海市人力资源和社会保障局、上海市残疾人联合会沪财发〔2020〕9号	关于印发《上海市残疾人就业保障金征收使用管理实施办法》的通知	用人单位跨地区招用残疾人并缴纳本市城镇职工社会保险的,应当计入所安排的残疾人就业人数。 ◎用人单位安排残疾人就业达不到规定比例的,应当缴纳保障金。保障金按年度一次性缴纳,计算公式如下: 用人单位安排残疾人就业比例1%(含)以上的,保障金年缴纳额＝(1.5%－残疾职工比例)×征缴基数×50%; 用人单位安排残疾人就业比例1%以下的,保障金年缴纳额＝(1.5%－残疾职工比例)×征缴基数×90%。 上述计算方法自2020年征收2019年度保障金起执行三年。 征缴基数是指用人单位上年度社会保险费缴费基数之和。 残疾职工比例是指用人单位上年度实际安排的残疾职工平均人数占本单位在职职工平均人数的比例。 用人单位在职职工是指用人单位在编人员或者依法与用人单位签订劳动合同的人员。季节性用工应当折算为年平均用工人数。以劳务派遣用工的,计入社会保险实际缴纳单位在职职工人数。	2020.9.1 ～ 2025.12.31

四、职工教育培训经费

文　号	标　题	内　容　摘　要	执行时间
中华人民共和国国务院国发〔2002〕16号	关于大力推进职业教育改革与发展的决定	◎一般企业按照职工工资总额的1.5%足额提取教育培训经费,从业人员技术要求高、培训任务重、经济效益较好的企业,可按2.5%提取,列入成本开支。	2002.8.24

(续表)

文号	标题	内容摘要	执行时间
上海市人民代表大会常务委员会公告第32号	上海市终身教育促进条例	◎ 企业用于一线职工的培训经费所占比例,应当高于职业培训经费总额的60%,并每年将经费使用情况向职工代表大会汇报。	2011.5.1

五、实习报酬

文号	标题	内容摘要	执行时间
教育部教职成[2021]4号	关于印发《职业学校学生实习管理规定》的通知	◎ 实习单位应当合理确定岗位实习学生占在岗人数的比例,岗位实习学生的人数不超过实习单位在岗职工总数的10%,在具体岗位实习的学生人数不高于同类岗位在岗职工总人数的20%。 ◎ 接收学生岗位实习的实习单位,应参考本单位相同岗位的报酬标准和岗位实习学生的工作量、工作强度、工作时间等因素,给予适当的顶岗实习报酬,在实习岗位相对独立参与实际工作、初步具备实践岗位独立工作能力的学生原则上不低于本单位相同岗位试用期工资标准的80%,并按照实习协议约定,以货币形式及时、足额支付给学生。原则上支付周期不超过1周,不得以物品或代金券等替代货币的支付或经过第三方转发。	2016.4.11 2021.12.31修正

六、其他劳动用工、社会保障相关数据

(一)全国

1. 2023年全国居民人均可支配收入及消费支出

	全国居民	城镇居民	农村居民
人均可支配收入(元)	39 218	51 821	21 691
人均消费支出(元)	26 796	32 994	18 175

(续表)

	全国居民	城镇居民	农村居民
人均可支配收入中位数(元)	33 036	47 122	18 748
人均可支配收入比上年增长(%)	6.3	5.1	7.7
人均可支配收入比上年增长(%)(扣除价格因素)	6.1	4.8	7.6
人均消费支出比上年增长(%)	9.2	8.6	9.3
人均消费支出比上年增长(%)(扣除价格因素)	9	8.3	9.2

2. 2023年全国居民人均工资性收入

2023年，全国居民人均工资性收入22 053元，增长7.1%，占可支配收入的比重为56.2%。

全国城镇非私营单位和私营单位就业人员年平均工资分别为120 698元和68 340元；规模以上企业就业人员年平均工资为98 096元，其中中层及以上管理人员198 285元，专业技术人员140 935元，办事人员和有关人员89 502元，社会生产服务和生活服务人员75 216元，生产制造及有关人员75 463元。

3. 就业失业情况

2023年度分季度来看，全国城镇调查失业率各季度平均值分别是5.4%、5.2%、5.2%、5.0%，就业逐步改善的态势比较明显。1—11月份城镇新增就业人数是1 180万人，同比多增35万人。

(二)上海市

2023年上海市居民人均可支配收入及消费支出

	全市居民	城镇常住居民	农村常住居民
人均可支配收入(元)	84 834	89 477	42 988
人均消费支出(元)	52 508	54 919	30 782
人均可支配收入比上年增长(%)	6.6	6.5	8.2
人均消费支出比上年增长(%)	14	14.2	12.2

图书在版编目(CIP)数据

人力资源和社会保障管理实务手册.2024 / 上海市劳动和社会保障学会编.--上海：上海社会科学院出版社，2024.--ISBN 978-7-5520-4431-7

Ⅰ.F249.21-62；D632.1-62

中国国家版本馆 CIP 数据核字第 202430341C 号

人力资源和社会保障管理实务手册 2024

编　者：	上海市劳动和社会保障学会
主　编：	唐　毅
责任编辑：	陈如江
特约编辑：	马露依
封面设计：	孙汇龙
出版发行：	上海社会科学院出版社
	上海顺昌路 622 号　邮编 200025
	电话总机 021-63315947　销售热线 021-53063735
	https://cbs.sass.org.cn　E-mail：sassp@sassp.cn
照　排：	南京理工出版信息技术有限公司
印　刷：	上海铁路印刷有限公司
开　本：	889 毫米×1194 毫米　1/32
印　张：	7.25
字　数：	290 千
版　次：	2024 年 8 月第 1 版　2024 年 8 月第 1 次印刷

ISBN 978-7-5520-4431-7/F·771　　　　　　　　　定价：40.00 元

版权所有　翻印必究